古人的奇幻世界

神仙传

精选本

[晋]葛 洪/撰 洛 北/绘

江西美术出版社
全国百佳出版单位

出版说明

《古人的奇幻世界》丛书以探寻古人的幻想世界为出发点，聚焦古人对于神仙之道、鬼怪之事、怪诞之实的描述，侧面展现古人奇妙瑰丽的精神世界，了解古人眼里的世界到底是什么模样。

本丛书延续了《古人的雅致生活》丛书的体例布局，原文与译文对照阅读、精美配画辅助理解，同时配画力求反映原文之大意，以图说文，兼具欣赏与实用性。

《搜神记》是晋人干宝所写的一部志怪小说，书中收入了古代及当时流传的各种神仙鬼怪故事，意在说明神仙之道实有、鬼怪之事不诬的有神论观念。干宝著此书的缘由来源于自己的亲身经历，他对神仙鬼怪之事深信不疑。在完成此书后干宝曾将其献给当时的名士刘惔赏阅，刘惔观后认为干宝是『鬼之董狐』，即干宝是一位敢于秉笔直书、如实记载奇闻怪事的好史官。《搜神记》不仅是志怪小说的典范，而且是唐宋传奇、宋元话本、明清戏曲与小说取之不尽的素材源泉，对后世影响甚大。

《子不语》是清代袁枚所编撰的短篇小说集。书名取自《论语·述而》『子不语怪、力、乱、神』，言其所著皆为鬼神怪异之事。此书内容博杂，文笔生动，其与别书不同之处在于借奇闻逸事针砭世态人情，揭露官场黑暗，同时尊重人性，批判了朱子『存天理灭人欲』的思想观念，这在当时是极为难能可贵的。该书所反映的思想具有民主性进步色彩，也反映了当时士大夫在当时社会扮演着极为重要的角色。

《神仙传》是晋代葛洪所著的一部道教经典，主要以人物传记的形式描写众神成仙的传说。书中的故事有大量详细的细节，有些是葛洪根据传说添加了个人想象后进行的再创作，因此故事生动有趣，很有可读性，对后世的文学创作产生了一定的影响，书中描述的种种神通之术如变身术、分身术、隐身术、腾云驾雾等在后世文学作品如《西游记》里得到发扬光大，为世人所熟知。同时也贡献了一批至今仍耳熟能详的成语或典故，如『一人得道鸡犬升天』『沧海桑田』『杏林』『橘井』等。

由于上述作品原文篇幅过长，在不影响原文大意的前提下，我们对部分内容进行了相应的精简调整，以更切合图书体例，符合读者的阅读习惯。

《博物志》是西晋张华编撰的神话志怪小说集。全书共十卷，分类记载异境奇物、古代琐闻杂事及神仙方术等。《博物志》所记山川地理深受《山海经》的影响，其余内容多取材于古籍，如前三卷所记为山川物产、外国、异人、异俗、异产、异兽、异鸟、异虫、异鱼等，性质大略相当于《山海经》的缩写，内容部分采自古籍，又杂以新的传闻。其中既有五岳，又叙『海外各国』，称五岳为『华、岱、恒、衡、嵩』。张华还精通方术，《博物志》除记有神人、神宫、神像、不死树外，还讲到了方士的活动，宣扬服食导引之法。可见张华的知识十分渊博，内容涵盖了神话、古史、博物，包罗繁杂，其中还保存了不少古代神话材料。该书虽没有被收入《道藏》，但历来为道教所重视，其中神仙资料常常为道教研究者引用。

序

予著《内篇》，论神仙之事，凡二十卷。弟子滕升问曰：『先生云，仙化可得，不死可学，古之得仙者，岂有其人乎？』

答曰：『秦大夫阮仓所记，有数百人，刘向所撰，又七十余人。然神仙幽隐，与世异流，世之所闻者，犹千不一者也。』

『故宁子入火而陵烟，马皇见迎于护龙，方回变化于云母，赤将茹葩以随风，涓子饵术以著经，啸父别火于无穷，务光游渊以哺薤，仇生却老以食松，邛疏煮石以练形，琴高乘鲤于砀中，桂父改色以龟脑，女丸七十以增容，陵阳吞五脂以登高，商丘咀菖蒲以无终，雨师炼五色以属天。』

『子先辔两虬于玄途，周晋跨素鹤于缑氏，轩辕控飞龙于鼎湖，葛由策木羊于绥山，陆通匝遐纪于橐庐，萧史乘凤而轻举，东方飘帻于京师，犊子鬻桃以沦神，主柱飞行以饵砂，阮丘长存于睢岭，英氏乘鱼以登遐，修羊陷石于西岳，马丹回风以上徂，鹿翁陟险而流泉，园客蝉蜕于五华。』

予今复抄集古之仙者，见于仙经、服食方及百家之书，先师所说，耆儒所论，以为十卷，以传知真识远之士。其系俗之徒，思不经微者，亦不强以示之。则知刘向所述，殊甚简略，美事不举。此传虽深妙奇异，不可尽载，犹存大体，窃谓有愈于刘向多所遗弃也。

晋抱朴子葛洪稚川题

序（译文）

我写作《抱朴子·内篇》，论述与神仙相关的事，共有二十卷。弟子滕升问我：『先生您说，神仙可以修得，长生不死可以学到，那么古代那些成仙的人，真的都存在吗？』我回答他：『秦朝大夫阮仓所记载的神仙，有几百人，刘向所写的，又有七十多位。但是神仙大多在幽静的地方隐居生活，与世俗之人不同，他们能被世上的人知晓的，几千个里也没有一个。』

『所以宁封子能在火焰中随着烟气上下飞腾，马师皇因为医龙而被迎走，方回炼食云母而产生变化，赤将子舆服食百花而随风上下，涓子服食白术而留下仙经，啸父在一列火中获得生命的无穷，务光食薤以沉渊而去，仇生不老因服食松脂，邛疏煮食石钟乳以修炼形体，琴高乘鲤鱼而飞来砀中，桂父服食龟脑而变换颜色，女丸七十岁还能改变颜容，陵阳子明吞食五色石脂而登上高山，商丘子胥咀嚼菖蒲得以寿命无穷，雨师赤松子炼五色石用于补天。』

『呼子先在成仙之路上驾着两条龙，周晋在缑氏山跨着白鹤飞去，轩辕黄帝在鼎湖骑着飞龙，葛由鞭打着木羊进入了绥山，陆通因食枸杞而长命，萧史夫妇乘着龙凤而飞升，东方朔的头巾在京师里飘舞，犊子卖桃也成仙，主柱服食丹药而成仙飞行，黄阮邱在睢岭上长生不死，子英乘鲤鱼而登上仙位，修羊在西岳华山把石头都睡陷，马丹在旋风中飞上天，鹿皮公越过艰险才得到神泉，园客因食用五色香草而脱壳成仙。』

我现在再次把古代的神仙事迹摘抄记录下来，这些故事都来自神仙修炼相关的书籍以及各种服食仙方的记载，还有各家的书籍，还有我老师告诉我的，以及德高望重的老先生们所谈论过的，我把它们共编成十卷，希望把这些传给那些能辨别真假、见识高远的人。一般的世俗普通人，想不到那些微言大义的，也不勉强拿给他们看。看完我这本书，就知道刘向的《列仙传》中所记述的神仙故事，都太简略了，使得修仙这样的好事不能为世人所知。这本《神仙传》所述虽然深奥奇妙，但也没能把所有的神仙事迹都搜罗进来，只是保留了一些主要人物的事迹，个人认为对刘向《列仙传》所遗漏舍弃的那些神仙人物，是一个很好的补充完善。

晋抱朴子葛洪稚川题

目录

卷壹

广成子　二
卢敖　若士　四
彭　祖　八
魏伯阳　二〇
华子期　二四

卷贰

白石先生　二八
皇初平　三〇
伯山甫　三二
马鸣生　三四
李八百　三六
李　阿　四〇

卷叁

河上公　四四
刘　根　四八
李仲甫　五八
李意期　六〇
王　兴　六二
赵　瞿　六四
王　遥　六八
李常在　七二

卷肆

阴长生　七八
张道陵　八六

卷伍

泰山老父　九八
巫　炎　一〇〇
刘　凭　一〇二
栾　巴　一〇六
壶　公　一一二
蓟子训　一二〇

卷陆

李少君　一二八
孔元方　一三四
王　烈　一三八
沈　建　一四二

卷柒

太玄女　一四六
西河少女　一四八
程伟妻　一五〇
麻　姑　一五二
樊夫人　一五八
严　清　一六〇
帛　和　一六二

东陵圣母　一六四

卷捌

凤纲　一六八
卫叔卿　一七〇
墨子　一七四
天门子　一八〇
玉子　一八二
刘政　一八六

卷玖

茅君　一九〇
尹轨　一九四
成仙公　一九八
郭璞　二〇四
尹思　二〇八

卷拾

沈文泰　二一二
涉正　二一四
北极子　二一六
李修　二一七
柳融　二一八
葛越　二二〇
陈永伯　二二二
董仲君　二二四
王仲都　二二六
刘京　二二八
清平吉　二三〇
黄山君　二三一
灵寿光　二三二
黄敬　二三四
甘始　二三六
平仲节　二三八
宫嵩　二四〇
王真　二四二
东郭延　二四四
戴孟　二四五
鲁女生　二四六
陈子皇　二四八
封衡　二五〇

附录

太阴女　二五四
太阳女　二五六
乐子长　二五八

卷壹

神仙传

广成子

原 译

广成子者，古之仙人也。居崆峒之山石室之中。黄帝闻而造焉，曰：『敢问至道之要？』广成子曰：『尔治天下，禽不待候而飞，草木不待黄而落，何足以语至道？』黄帝退而闲居，三月后，往见之。

膝行而前，再拜请问治身之道。广成子答曰：『至道之精，杳杳冥冥，无视无听，抱神以静，形将自正；必静必清，无劳尔形，无摇尔精，乃可长生。慎内闭外，多知为败。我守其一，以处其和，故千二百岁而形未尝衰。得我道者，上为皇；失

广成子是古代的仙人。他住在崆峒山的石室中。黄帝听说他后去拜访他，问他道：『敢问要修成最高的道的要诀是什么？』广成子说：『你治理天下，飞禽还没到物候就飞走了，树木花草还没有变黄就凋落了，怎么能跟你讲最高的道呢？』黄帝退了回去，反省了三个月，又去拜见他。

黄帝双膝跪着前行到广成子面前，向他拜了两拜，再请教修身之道。广成子答道：『最高的道所生成的精气是微妙难寻的，如果做到既不看也不听，在静中涵养你的神识，那么你的身体会自然端正起来；让内心保持清净，不过度劳累你的身体，不动用耗损你的精气，就可以长生了。谨慎地守住内心，不起念虑，不受外界的干扰，如果过多地追求外在的事物，你的内心就会败坏。我只是守住一心不乱，让生命始终处于和谐的状态，所以现在一千二百岁了，形体还没有出现衰老。得到了我所说的道的人，才可以做世上的合格统治者；不遵循我所说的道的人，则最终

原 译

吾道者，下为土。将去汝，入无穷之门，游无极之野，与日月齐光，与天地为常，人其尽死，而我独存矣。』

死去变成尘土。我就要离开你了，进入无穷之地的大门，遨游于没有边界的原野，与日月的光芒一样长久，与天地一起常在，人们都死尽了，我还独自存在。』

卢敖 若士

原

若士者，古之仙人也，莫知其姓名。燕人卢敖者，以秦时游乎北海，经乎太阴，入乎元阙，至于蒙谷之山，而见若士焉。其为人也，深目而玄准，鸢肩而修颈，丰上而杀下，欣欣然方迎风而舞，顾见卢敖，因遁逃乎碑下。卢仰而视之，方蜷龟壳而食蟹蛤。

卢敖乃与之语曰：『唯以敖焉，背群离党，穷观六合之外。幼而好游，长而不渝，周行四极，唯此极之未窥，今睹夫子于此，殆可与

译

若士是古时的仙人，没人知道他的姓名。燕国人卢敖，在秦朝时游历北海，经过北方，进入北方的山中，来到蒙谷山，见到若士。若士这个人，双目深陷而鼻子高挺，像老鹰一样耸着肩，脖子很长，上半身壮硕而下半身却修长，正兴高采烈地要迎风而舞，回头时看到卢敖，于是逃跑到山脚下。卢敖仰起头看，若士正伸腿坐在龟壳上吃着螃蟹和蛤蜊。

卢敖于是和他说道：『只有我卢敖离开人群和朋友，看尽了上下四方之外的地方。我年幼时喜欢游历，长大后也未曾改变，曾到过四方最远的地方，只有这个地方还没有来过，现在看到您在这里，大概可以跟我做朋友吧？』

若士不以为然地笑着说：『唉！你这个中原人，不怕路途遥远来到这里，也算是与日月同光，

原译

敖为友乎？』若士淡然而笑曰：『嘻！子中州之民，不宜远而至此，此犹光乎日月，而载乎列星。比乎不名之地，犹窔奥也。昔我南游乎罔㝗之野，北息乎沉默之乡，西穷窈冥之室，东贯鸿洞之光。其下无地，其上无天。视焉无见，听焉无闻。其外有沃沃之汜，其行一举而千万余里，吾犹未之能究也。今子游始至于此，乃语穷观，岂不陋哉？然子处矣，吾与汗漫期于九垓之上，不可以久驻。』乃举臂竦身，遂入云中。卢敖仰而视之，不见乃止，恍惚若有所丧也。

可被铭记于星空的行为了。但跟你去过的那些不知名的地方相比，还有更加幽深的地方。过去我曾游历到南方没有山的荒野，到过北方无声的地界，去过西方深远的尽头，穿过漫无边际的东方。我去的地方，它的下面没有大地，它的上面没有天空。什么也看不到，什么也听不见。它的外面有川流不息的流水，我跨一步就能行走千万余里，但还是不能了解它的全部。现在你才游历到这里，就说自己看尽了世界，岂不是见识太浅陋了吗！你在这待着吧，我和汗漫在九垓之上有约定，不能长久待在这里。』若士于是举起两臂，纵身跳入云中。卢敖抬头看着他，一直到看不见了才停下来，感觉精神恍惚，像丢了东西一样。

卢敖说：『我跟若士比，就像黄鹄和壤虫的差别。我整天游走，却没有跨出咫尺的距离，还

原 译

敖曰：『吾比夫子也，犹黄鹄之与壤虫也。终日行不离咫尺，而自以为远，不亦悲哉！』

——自以为走了很远，不是很可悲吗！』

彭祖

原 译

彭祖者，姓篯讳铿，帝颛顼之玄孙也。殷末，已七百六十七岁，而不衰老。少好恬静，不恤世务，不营名誉，不饰车服，唯以养生治身为事。王闻之，以为大夫，常称疾闲居，不与政事。善于补导之术，服水桂、云母粉、麋角散，常有少容。然性沉重，终不自言有道，亦不作诡惑变化鬼怪之事。窈然无为，少周游，时还独行，人莫知其所诣。伺候，竟不见也。有车马而常不乘，或数百日，或数十日，不持资粮，还家，则衣食与人无异。常闭气内息，从旦至中，乃危坐拭目，

彭祖，姓篯名铿，是远古时代颛顼帝的玄孙，到殷朝末年，彭祖已经七百六十七岁了，但一点也不见衰老。彭祖少年时就喜好清静，对俗世中的事情没有兴趣，他不沽名钓誉，也从不将自己的车马服饰装饰得豪华，而是把修身养性当作最重要的事情。君王听说他的德行，就请他在朝中担任大夫一职。但彭祖常常以有病为借口闲居在家，不参与朝中政事。他精通滋补、导引之类的养生术，常服用水桂、云母粉、麋角散等，面容看起来就像少年一样年轻。然而彭祖的性情稳重，从来不说自己修炼得道，也不装神弄鬼惑乱人心。他清静无为，爱独处，很少到处游历，就是出行，也是一个人单独行事，人们都不知道他到什么地方去，连他的仆人随从也不知道他去哪里。他有车马但很少乘坐，有时出行数百天有时出行几十天，不带路费和口粮，回来后吃饭穿衣和其他人却是一样的。平时他常常静坐，屏气凝神，从早晨一直到中午都端坐着，或用手轻

原译

摩搦身体，舐唇咽唾，服气数十，乃起行言笑。其体中或疲倦不安，便导引闭气，以攻所患。心存其体，面、九窍、五脏、四肢、至于毛发，皆令具至。觉其气云行体中，故于鼻口中达十指末，寻即体和。王自往问讯，不告。致遗珍玩，前后数万金，而皆受之，以恤贫贱，无所留。

又采女者，亦少得道，知养性之方，年二百七十岁，视之如五六十岁。奉事之于掖庭，为立华屋紫阁，饰以金玉。乃令采女乘辎軿，往问道于彭祖。既至再拜，请问延年益寿之法，彭祖曰：『欲举形登天，上补仙宫，当用

揉双眼，或轻轻按摩身体的各部位，用舌头舔嘴唇吞唾液，运上几十次气，然后才收功，起来散步谈笑。如果他感到身体某部位疲劳或不舒服，就运用闭气的方法来治体内的病患，将胸中所运之气散布到身体的各部位，包括脸部、九窍、肺腑五脏、手足四肢，甚至于身体上的毛发，都运气逐一到达。会感到体内的气像云一样在身体中运行，从鼻子、嘴巴一直通到十指的末端，如此，一会儿就觉得身体各部位和谐舒畅了。君王亲自去询问彭祖养生的方法，彭祖不告诉他。殷王留下些珍宝玩物赏给他就走了，这些赏赐总共有几万金，彭祖也都接受下来，但都把它们分散给了穷苦百姓作为救济，自己一点也没有留下。

有一位采女，也是年轻时就得道，精通修炼的方术，虽然已经二百七十岁，看起来却像五六十岁的样子。君王让她住在嫔妃们居住的掖

原译

金丹，此元君、太一，所以白日升天也。此道至大，非君王之所能为。其次当爱养精神，服药草，可以长生，但不能役使鬼神，乘虚飞行。身不知交接之道，纵服药，无益也。能养阴阳之意，可推之而得，但不思言耳，何足怪问也。吾遗腹而生，三岁而失母，遇犬戎之乱，流离西域，百有余年。加以少怙，丧四十九妻，失五十四子，数遭忧患，和气折伤。冷热肌肤不泽，荣卫焦枯，恐不度世。所闻浅薄，不足宣传。大宛山有青精先生者，传言千岁，色如童子，步行日过五百里，能

庭宫中，为她建筑了华丽的殿阁，并用金玉装饰，让她乘着华贵的马车去向彭祖求教修道之术。见到彭祖向他拜服行礼，问彭祖延年益寿的方法。彭祖说：『如果想要上天到仙界做仙官，就要常服金丹。元君、太一就是因此才白日升天的。不过这是修道中境界最高的，人间的君王是无法达到的。其次就是要修养精神，服用药草，可以长生不老。但是做不到驱使鬼神、腾云驾雾的飞行。如果本身不懂得阴阳交合的道理，就是吃药也没有效果。关于阴阳交合的道理，只能靠自己去推断体会，不可言传？所以觉得你问得很奇怪。我是遗腹子，三岁就死了母亲，又赶上了犬戎之乱，颠沛流离逃难到了西域，在那里待了一百多年。我从少年时因为没有依靠就形容消瘦，后来又陆续死了四十九个妻子，失去了五十四个儿子，遭

原 译

终岁不食，亦能一日九食，真可问也。』

采女曰：『敢问青精先生是何仙人者也？』

彭祖曰：『得道者耳，非仙人也。仙人者，或竦身入云，无翅而飞；或驾龙乘云，上造天阶；或化为鸟兽，游浮青云；或潜行江海，翱翔名山；或食元气，或茹芝草；或出入人间而人不识，或隐其身而莫之见。面生异骨，体有奇毛，率好深僻，不交俗流。然此等虽有不死之寿，去人情，远荣乐，有若雀化为蛤，雉化为蜃，失其本真，更守异气。余之愚心，未愿此已。入道当食

遇多次的忧难，损伤了我的元气。不管冷热，我的肌肤都没有光泽，看起来像枯木，身体护养也不好，恐怕活不太长久，而且我的见识也很肤浅，实在没有什么可向别人宣扬的。大宛山里有一位青精先生，据说已经活了一千岁，看起来却面如童子，一天步行能超过五百里，可以长年不吃东西，也可以一天吃九顿饭，这才是你真正应该求教的人。』

采女问：『那么这位青精先生是什么神仙呢？』

彭祖回答：『他也不过是个得道的人，不是什么神仙。但凡神仙，或者能够纵身入云，没有翅膀却能飞翔；或可以乘龙驾雾直达天庭；或者化身为鸟兽翱翔在白云之中，畅游在江海里，飞越穿行于名山大川；还有些神仙以天地之元气为食，或吃灵芝仙草；

原
译

甘旨，服轻丽，通阴阳，处官秩耳。骨节坚强，颜色和泽，老而不衰，延年久视，长在世间。寒温风湿不能伤，鬼神众精莫敢犯，五兵百虫不可近，嗔喜毁誉不为累，乃可为贵耳。

『人受气，虽不知方术，但养之得宜，常至百二十岁，不及此者，伤也。小复晓道，可得二百四十岁，加之可至四百八十岁，尽其理者，可以不死，但不成仙人耳。养寿之道，但莫伤之而已。夫冬温夏凉，不失四时之和，所以适身也；美色淑姿，幽闲娱乐，不致思欲之惑，所以通

或者出入于人世之间而凡人却看不出他们是神仙，或可以隐身而别人看不见。神仙有的脸上长着奇异的骨相，长有奇异的体毛，喜欢僻静自处，不与凡夫俗子相往来。然而，这些仙人虽然可以长生不老，但却与人情世故相去太远，与人世的荣华与快乐完全隔绝，这就好像鸟雀变成蛤蟆，山鸡变成海蜃，失去了真性，只恪守一种怪异的气质。以我的愚见，是不愿意变成这样的仙人的。修炼道术，就应该吃甘美的食物，穿轻柔华丽的衣服，懂得阴阳相通相变的道理，也完全可以做官。修行求道的人，应该骨骼健壮、肤色红润有光泽，虽年老而不衰弱，年岁越大见识应越长。长久地活在人间，冷热风湿伤不着，鬼神精怪不敢侵犯，五种兵器和百

原 译

神也；车服威仪，知足无求，所以一志也；八音五色，以悦视听，所以导心也。凡此皆以养寿，而不能斟酌之者，反以速患。古之至人，恐下才之子，不识事宜，流遁不还，故绝其源。故有『上士别床，中士异被，服药百裹，不如独卧』；『五音使人耳聋，五味使人口爽』。苟能节宣其宜适，抑扬其通塞者，不以减年，得其益也。凡此之类，譬犹水火，用之过当，反为害也。不知其经脉损伤，血气不足，内理空疏，髓脑不实，体已先病。故为外物

种毒虫都不能靠近，别人的褒贬议论都毫不在乎，这些都是最可贵的。』

『即使普通人在世间，接受着天地之元气，即使不是修身求道通晓方术，但只要修养适宜，也可以活到一百二十岁。活不到这个岁数肯定是身体受了伤害。如果稍微懂点道术，就可活到二百四十岁，要再精进些就可以活四百八十岁，完全通晓了修道之理，就可以长生不死，只是不能成仙而已。延年益寿最根本的一条就是不要使身心受到伤害：冬天让身体保暖，夏天要保持凉爽，适应四季气候的变化，让身体保持舒适的状态；对于美色和娱乐都要适可而止，不要被迷惑而使自己的欲望膨胀，这样你的内心就可以通彻洞达；对于做官时的车马仪仗服饰，都知足而不

所犯，因气寒酒色，以发之耳。若本充实，岂有病也。夫远思强记伤人，忧喜悲哀伤人，喜乐过差、忿怒不解伤人，汲汲所愿伤人，阴阳不顺伤人。有所伤者数种，而独戒于房中，岂不惑哉？男女相成，犹天地相生也，所以神气导养，使人不失其和。天地得交接之道，故无终竟之限；人失交接之道，故有伤残之期。能避众伤之事，得阴阳之术，则不死之道也。天地昼分而夜合，一岁三百六十交，而精气和合，故能生产万物而不穷。人能则之，

贪恋，这就能使你志趣专一；音乐绘画使人赏心悦目，使你的心情能够得到疏导。以上这些对于延年益寿都是有好处的，但是如果把握不好分寸，反倒是会伤害自己的身体。古代的圣人，担心愚钝的人们不能掌握事情的分寸，沉浸在欲望之中不知回返，因此断绝人欲之源。所以有些非常高洁的雅士们不与妻子同床，其次的一些士人们则不和妻子同被，就是吃上一百副药，也不如一个人独自静卧修养；音乐听得过多导致人耳聋，美味吃多了反而败坏人的胃口。如果对这些欲望都有所节制适可而止，正确地处理通畅和堵塞的关系，就不但不会减寿，还能够因受益而得以延年。凡此种种就好像水、火的使用，使用不当必然招致灾害。人们常常不理解，如果经脉受到了损伤，

原 译

可以长存。次有服气，得其道则邪气不得入，治身之本要。其余吐纳、导引之术，及念体中万神，有含影守形之事，一千七百余条；及四时首向，责己谢过，卧起早宴之法，皆非真道，可以教初学者，以正其身。人受精养体，服气炼形，则万神自守其真，不然者，则荣卫枯悴，万神自逝，悲思所留者也。人为道，不务其本而逐其末，告以至言而不能信，见约要之书，谓之轻浅，而不尽服诵，观夫《太清北神中经》之属，以此自疲，至死无益，不亦悲哉？

血气不足，内脏虚弱，髓脑也不坚实，身体必然要生病，却不知道这些病正是因为受了外界的伤害，比如受天气变化或酒色过度影响引起了内损，而并不是人自身就会生出病来。思虑过多、用脑过度、高兴、悲哀、担心过度、愤怒气恼、过分乞求、阴阳不能协调，这些都能对人体造成伤害。这么多对人体有伤害的事情，却偏偏要对男女的房事加以禁止，岂不是令人感到奇怪？男女相辅相成，犹如天地相生。所以男女之间的事更要讲究以气养神，从而不使身体状态失和。天和地按着阴阳交接的规律就可以永无终极，人如果失去交接的和谐就会受到伤害。人如果避开上述对身体有害的事情而得到阴阳和谐之术，就获得了长生之术。天与地是白天分离晚上相合，一年有三百六十次交会，天的阳气和

原

又人苦多事，少能弃世独往山居穴处者，以道教之，终不能行，是非仁人之意也。但知房中闭气，

译

地的阴气融合在一起，才使得万物滋生没有穷尽。人如果能顺应这自然的规律，就能够长生于天地之间。其次就是吐纳运气的法术，修炼到这种法术，邪气就不能侵入身体，这是自身身体修行的根本所在。其他像吐纳导引之术，以及存念体中万神、舍影守形等的方法有一千七百多条，还有一年四季睡觉时头应朝哪个方向、经常检讨自己的过错、睡眠和起床的早晚等方法，都算不上修道的真谛，不过可以教给那些初来求道的人，以正他们的身心。一个人如果能够修身养性，运气炼身，那么万神都会来到他的心中。如果不能很好地调养自身，把身体搞得十分衰弱，那万神也就自然离去，留下的只有悲伤而已。修道的人，如果不能找到真正的要义根本而舍本逐末，有得道的人指点他还不相信，对那

节其思虑，适饮食则得道也。吾先师初著《九节都解》《指教》《韬形》《隐遁》，尤为《开明》《四极》《九室》诸经，万三千首，为以示始涉门庭者。』

采女具受诸要，以教王，王试之有验。殷王传彭祖之术，屡欲秘之。乃下令，国中有传祖之道者诛之，又欲害祖以绝之。祖知之，乃去，不知所之。其后七十余年，闻人于流沙之西见之。王不常行彭祖之术，得寿三百岁，气力丁壮，如五十时。得郑女妖淫，王失道而殂。俗间言传彭祖之道杀人者，由于王禁之故也。后有黄山君者，修彭祖之术，数

些讲授修炼之术的书籍不去认真阅读反而觉得太浅薄，常读《太清北神中经》之类的书，以此弄得自己身心疲惫，到死也没有什么收获，不是很可悲的事吗？还有的人苦于世间俗事，又不能心甘情愿抛开尘世独自到山中修行，这种人就是教给他修道的方法，最终也无法修行，这就不是传道人的本意了。若是知道房中术闭气法，节制思想念虑，适当饮食也是可以得道的。我的先师曾著过《九节都解》《指教》《韬形》《隐遁》，尤其又写了《开明》《四极》《九室》等论述道术的经典，共有一万三千条，用以教导那些刚入门学道的人。』

采女从彭祖那里得到了这些学道的精要之义，回去后传授给君王，君王试了一下很灵验。殷王得到了彭祖的道术后，想秘而不宣，于是在国内下了命令，说谁要敢传扬彭祖的道术就杀头，他还想杀害彭祖以使他的道术不能再传授下去。彭祖听说后

百岁犹有少容。彭祖既去，乃追论其言，以为《彭祖经》。

就离开了，不知去了哪里。过了七十多年以后，听说有人在流沙国之西又见到了彭祖。君王并没有经常按照彭祖的道术修炼，却也活了三百多岁，身强力壮像是五十多岁的人。后来由于他得了一个美丽妖冶的女子郑氏，纵欲淫乐，终于失去了道行死掉了。民间流传凡是传播彭祖道术就被杀，就是因为殷王禁传彭祖之术的缘故。后来有一位黄山君，按照彭祖的道术修炼，活了几百岁却面若少年。彭祖成仙后，人们把他的论述记录下来，就是《彭祖经》。

魏伯阳

原 译

魏伯阳者，吴人也，本高门之子，而性好道术。后与弟子三人，入山作神丹。丹成，知弟子心怀未尽，乃试之曰：『丹虽成，然先宜与犬试之，若犬飞，然后人可服耳；若犬死，即不可服。』乃与犬食之，犬即死，伯阳谓弟子曰：『作丹唯恐不成，今既成而犬食之死，恐是未合神明之意，服之恐复如犬，为之奈何？』弟子曰：『先生当服之否？』伯阳曰：『吾背违世路，委家入山，不得道亦耻复还，死之与

魏伯阳是吴地出生的人，他本来是名门望族子弟，但生性喜欢道术。后来他跟三个弟子进山炼丹。丹炼成了，但魏伯阳知道弟子们心中有疑虑，于是试探他们说：『丹药虽然炼成了，但最好先拿狗试一下，要是狗能飞升，然后人才能服用，要是狗死了，就不能服用。』于是拿给狗吃，狗很快就死了，魏伯阳对弟子们说：『炼丹最怕练不成，现在既然练成了，但狗很快就死了，恐怕是丹药还没达到神明的要求，服用了恐怕也会像狗一样，这该怎么办呢？』弟子们问：『先生您觉得应当服

原译

生，吾当服之。』乃服丹，入口即死。弟子顾视相谓曰：『作丹以求长生，服之即死，当奈此何？』独一弟子曰：『吾师非常人也，服此而死，得无有意耶？』因乃取丹服之，亦死。余二弟子相谓曰：『所以得丹者，欲求长生耳，今服之既死，焉用此为？不服此药，自可更得数十岁在世间也。』遂不服，乃共出山，欲为伯阳及死弟子求棺木。二子去后，伯阳即起，将所服丹纳

用吗？』魏伯阳说：『我放弃了世俗的生活，离家入山，不能得道的话也耻于再回去了，不管是死是生，我都服下它。』于是把丹药吃了下去，一入口就死了。弟子们面面相觑地说道：『炼丹是为了求得长生不老，服下去就死了，这可怎么办？』只有一个弟子说：『我们的老师不是普通人，服用这个死了，别是有意吧？』于是取丹药服用，也死了。剩下两个弟子商量道：『之所以要得到丹药，是想求得长生不老，现在既然吃下去就死，还要它干什么？不吃这个丹药，还可以在世间多活几十年。』于是都没有服用。他们一起出山，想要给魏伯阳和死了的弟子求副棺材。二人走后，魏

死弟子及白犬口中，皆起。弟子姓虞，遂皆仙去。道逢入山伐木人，乃作手书与乡里人，寄谢二弟子，弟子乃始懊恨。伯阳作《参同契》《五相类》，凡三卷，其说如解释《周易》，其实假借爻象，以论作丹之意。而世之儒者，不知神丹之事，多作阴阳注之，殊失其旨矣。

伯阳立即起身，将自己吃的丹药纳入死了的弟子和白狗的口中，于是他们都苏醒了过来。这个弟子姓虞，于是一起成仙而去。路上碰到进山砍柴的人，魏伯阳就写了一封信给家乡的人，让他们寄给两个弟子以表示感谢。那两个弟子看到信后懊悔不已。魏伯阳著有《参同契》《五相类》，共有三卷，内容似乎是为《周易》作注解，但其实是假借《周易》中的文象说辞，来论述炼丹的原理。但是俗世的儒生，不知道炼制神丹是怎么回事，多从阴阳的角度去注解它，从而失去了它本来的意思。

华子期

原 译

华子期者，淮南人也。师角里先生，受《仙隐灵宝方》。一曰《伊洛飞龟秩》，二曰《白禹正机》，三曰《平衡》。按合服之，返老还少，日能行五百里，能举千斤，一岁十易皮，如蝉蜕，后乃得仙去。

华子期是淮南人。他曾师从甪里先生，得到了《仙隐灵宝方》。第一篇名《伊洛飞龟秩》，第二篇名《白禹正机》，第三篇名《平衡》。按其中的方法合药服下，人就从衰老逐渐变得年轻，一天能走五百里路，能举一千斤重的东西，一年之中换了十次外皮，就像蝉脱壳一样，后来修炼成仙而去。

卷贰

神仙传

白石先生

原 译

白石先生者，中黄丈人弟子也。至彭祖时，已二千有余岁矣。不肯修升天之道，但取不死而已，不失人间之乐。其所据行者，正以交接之道为主，而金液之药为上也。初以居贫，不能得药，乃养羊牧猪，十数年间，约衣节用，置货万金，乃大买药服之，常煮白石为粮，因就白石山居，时人故号曰白石先生。

亦食脯饮酒，亦食谷食。日行三、四百里，视之色如四十许人。性好朝拜事神，好读《幽经》及《太素传》。彭祖问之曰：『何不服升天之药？』答曰：『天上复能乐比人间乎，但莫使老死耳。天上多至尊相奉事，更苦

白石先生是中黄丈人的弟子。到彭祖的时候，他已经有两千多岁了。他不肯修炼升上天宫的道术，只修炼不死之身而已，他认为这样不会失去人世间的欢乐。他所依据的修行方法，就是以男女交接之道为主，同时服用上好的金液之药。他最初因为家里贫穷，不能获得药物，于是饲养和放牧猪羊，十几年间，节约衣服日用等，储存了万金的货资，于是大量购买药物服用，经常煮白石做粮食，因为在白石山居住，当时的人称呼他白石先生。

他也吃肉喝酒，也吃稻谷做的食物。一天能走三四百里路，看上去容貌像四十多岁的人。他生性喜欢朝拜和侍奉神仙，喜欢读诵《幽经》及《太素传》。彭祖问他：『为什么不服用升天的药呢？』他回答说：『天上的快乐哪能比得过人间，只要

原 译

于人间。』故时人呼白石先生为隐遁仙人，以其不汲汲于升天为仙官，亦犹不求闻达者也。

不使自己老死就行了。天上多是身份尊贵的神仙相互共事，比人间更加苦啊。』所以当时的人称呼白石先生为隐遁的仙人，因为他不急着升上天宫做官，也不愿被别人知道他的名字。

皇初平

原 译

皇初平者，丹溪人也。年十五，家使牧羊，有道士见其良谨，便将至金华山石室中，四十余年，不复念家。其兄初起，行山寻索初平，历年不得。后见市中有一道士，初起召问之曰：『吾有弟名初平，因令牧羊，失之四十余年，莫知死生所在，愿道君为占之。』道士曰：『金华山中有一牧羊儿，姓皇，字初平，是卿弟非疑。』初起闻之，即随道士去求弟，遂得相见。悲喜语毕，问初平羊何在，曰：『近在山东耳。』初起往视之，不见，但见白石而还，谓初平曰：『山东无羊也！』初平曰：『羊在耳，兄但自不见之。』初平与初起俱往看之，初平乃叱曰：『羊起！』于是白石皆变为羊数万头。初起曰：『弟独得

皇初平是丹溪人。十五岁时，家里让他去放羊，有个道士看他善良憨厚，就把他领到金华山的石洞中，他一待就是四十多年，也不想念家乡。他的哥哥叫皇初起，进山寻找他，好几年也没找到。后来在街市见到一个道士，皇初起就向他打听：『我有个弟弟叫皇初平，因为让他放羊，走失了四十多年，不知他的死活，也不知在哪里，恳求道长给算一卦。』道士说：『金华山中有一个放羊的小孩，姓皇字初平，是你的弟弟没错了。』皇初起听后，就跟着道士去找弟弟，于是得以相见。兄弟两人悲喜交加一番交谈，初起就问初平羊哪里去了，初平说：『就在附近东边的山坡上。』初起去查看，没看见，只看到一堆白石头，就回来了，对初平说：『东边的山坡上没有羊啊！』初平说『羊都在的，只是哥哥你看不见罢了。』

仙道如此，吾可学乎？』初平曰：『唯好道，便可得之耳。』初起便弃妻子，留住，就初平学。共服松脂、茯苓，至五百岁，能坐在立亡，行于日中无影，而有童子之色。后乃俱还乡里，亲族死终略尽，乃复还去。临行，以方授南伯逢。初平改姓赤氏，号松子，初起号赤须子。其后服此药得仙者数十人。

初平于是和哥哥一起去看，初平对着白石堆大声喝道：『羊儿起来！』于是那堆白石头立刻就变成了几万头羊。初起说：『弟弟你竟然学到这样的神仙道术，我能学吗？』初平说：『只要一心向道，就可以学成。』初起就离弃了妻子儿女，在初平那里住了下来，跟着初平学道。他们一起服用松脂、茯苓，活到了五百岁，他们能坐在那里忽然消失，在太阳下行走而不见影子，而且面容像少年一样。后来他们一起回到家乡，发现所有的亲戚族人差不多都死光了，于是就又回去了。临走的时候，他们把仙方传给了南伯逢。初平后来改姓赤，号松子，初起号赤须子。后世服用他们的药而成仙的有好几十人。

原 译

伯山甫

伯山甫者，雍州人也。入华山中精思服食，时时归乡里省亲，如此二百年，不老。到人家，即数人先世以来善恶功过，有如目见，又知方来吉凶，言无不效。

其外甥女年老多病，乃以药与之，女时年已七十，转还少，色如桃花。汉武遣使者行河东，忽见城西有一女子，笞一老翁，俯首跪受杖。使者怪问之，女曰：『此翁乃妾子也，昔吾舅氏伯山甫，以神药教妾，妾教子服之，不肯，今遂衰老，行不及妾，故杖之。』使者问女及子年几，答曰：『妾已一百三十岁，儿八十。』后入华山去。

伯山甫是雍州人。他进入华山中修行，长期精思服食，也经常回家看望父母和尊长，这样过了两百多年，一直没有衰老。他到别人家里做客，能如数家珍地说出这家人前世以来的善恶功过，就像亲眼看到一样，他又能预知即将要发生的吉凶等事，所说的话没有不应验的。

他的外甥女年老多病，于是伯山甫就送药给她，这个女子当时已经七十岁了，却慢慢变年轻起来，脸色像桃花一样娇艳。汉武帝派遣使者去河东地区求仙，忽然在城西碰到一名女子正在打一个老翁，老翁低着头跪着接受木棍的杖罚。使者很奇怪地问是怎么回事，女子说：『这个老头是我的儿子，以前我的舅舅伯山甫，教给我制神药的方法，我让儿子服用，他不肯，所以现在衰老了，走路都不如我，因此拿棍子打他。』使者问女子和他儿子年纪有多大了，女子回答说：『我已经一百三十岁了，儿子有八十岁了。』后来他们就入华山而去。

马鸣生

原 译

马鸣生者，临淄人也，本姓和，字君贤。少为县吏，捕贼，为贼所伤，当时暂死，忽遇神人，以药救之，便活。鸣生无以报之，遂弃职随神。初但欲治金疮方耳，后知有长生之道，乃久随之，为负笈。西之女几山，北到玄丘，南至庐江，周游天下，勤苦历年，及受《太清神丹经》三卷归，入山合药服之。

不乐升天，但服半剂，为地仙，恒居人间。不过三年，辄易其处，时人不知是仙人也。架屋舍，畜仆从车马，并与俗人皆同，如此展转经历九州五百余年。人多识之，悉怪其不老。后乃白日升天而去。

马鸣生是临淄人，本来姓和，字君贤。年轻时在县里做县吏，追捕盗贼时被贼所伤，当时已昏死过去，忽然遇到一个仙人，用药救他，他就活了过来。鸣生没有什么可以回报仙人的，就放弃了官职追随神仙。马鸣生一开始只想学些治疗金疮的药方，后来知道仙人有长生的道术，就一直跟随着，为神仙背书箱。西边到过女几山，北边到过玄丘，南边去过庐江，环游天下，勤勤恳恳许多年，很是辛苦，直到仙人传授他三卷《太清神丹经》，他才回去，入山炼药服用。

马鸣生不喜欢升天，只服了半剂药，成了地仙，长久在人间居住。他一般不超过三年就换一个住地，当时的人也不知道他是个仙人。他也建很多房子，蓄养很多仆人和车马，与世俗之人没什么两样，这样转还九州各地五百年。很多人都认识他，很奇怪他一直不衰老。后来有一天，他在白天飞升上天而去。

李八百

原 译

李八百，蜀人也。莫知其名，历世见之，时人计其年八百岁，因以为号。

或隐山林，或出市廛。知汉中唐公房，有志不遇明师，欲教授之。乃先往试之，为作客佣赁者。公房不知也。

八百驱使用意，异于他客，公房爱异之。八百乃伪病困，当欲死。公房即为迎医合药，费数十万钱，不以为损，忧念之意，形于颜色。八百又转作恶疮，周遍身体，脓血臭恶，不可忍近。

公房为之流涕曰：『卿为吾家使者，勤苦历年，常得笃疾，吾取医欲令卿愈，无所吝惜，而犹不愈，

李八百是蜀地人。没有人知道他的姓名，好几世都有人看到他，当时的人计算他的年龄有八百岁了，就用『八百』来称呼他。

他有时隐居在深山老林之中，有时又在街头闹市出没。他知道汉中的唐公房，有志学道但一直没有遇到名师指点，就想去教授他。于是决定先去试探他，寄居在他家做雇工。公房并不知道这个情况。

李八百被使唤做事都很用心，跟别的雇工不一样，唐公房特别喜欢他。李八百于是假装得了重病，就快死了。公房就为他请医生拿药，花费几十万金钱，但不觉得有什么损失，反而对他担忧挂念的神色都表露在脸上。李八百又变生恶疮，遍布全身，流着脓血，散发着恶臭，让人难以忍受，不敢靠近。

公房流着泪对他说：『您做我家的佣人，勤劳辛苦了好几年，却一直患着重病，我找大夫来想要把您治好，没有什么舍不得的，但您的病还是不好，该怎

当如卿何？』

八百曰：『吾疮不愈，须人舐之，当可。』公房乃使三婢，三婢为舐之。八百又曰：『婢舐不愈，若得君为舐之，即当愈耳。』公房即舐。复言：『无益。』欲公房妇舐之，最佳。又复令妇舐之。八百又告曰：『吾疮乃欲差，当得三十斛美酒浴身，当愈。』公房即为具酒，著大器中。八百即起入酒中浴，疮即愈，体如凝脂，亦无余痕。

乃告公房曰：『吾是仙人也，子有志，故此相试。子真可教也，今当授子度世之诀。』乃使公房夫妻并舐疮三婢，以其浴酒自浴。即

么办呢？』

李八百说：『我的恶疮好不了，必须要有人来舔它，这样才能好。』公房就招来三个婢女，让她们给八百舔疮。李八百又说：『婢女舔不好，要是您能给我舔，就应该能好。』公房就舔了。李八百又说：『没用。』他想要唐公房的夫人来舔，那样最好。唐公房又再次让他夫人舔了。李八百又告诉他说：『我的恶疮就要好了，要是能得到三十斛好酒来洗浴身体，就会好。』唐公房就为他准备好酒，放在一个很大的容器里。李八百就起身走到酒中洗浴，恶疮立刻就好了，皮肤也变得像凝脂一样光洁白润，并且身上也没有任何斑痕。

李八百于是告诉公房说：『我是仙人，看你有学道修仙的志向，所以才这样考验你。你确实是可以教授的人，现在就传授你成仙的秘诀。』于是让公房夫妇和那三个舔疮的婢女，用他洗浴过的酒来沐浴，他

原 译

皆更少，颜色美悦。以丹经一卷授公房，公房入云台山中作药，药成，服之仙去。

们也立刻就变年轻了，容貌皮肤都变得美丽动人。李八百把一卷丹经传授给了公房，公房就进入云台山中制药，丹药制成，服下后就成仙而去了。

李阿

原译

李阿者，蜀人，传世见之，不老。常乞于成都市，所得，复散赐与贫穷者。夜去朝还，市人莫知所止。或往问事，阿无所言，但占阿颜色。若颜色欣然，则事皆吉；若容貌惨戚，则事皆凶；若阿含笑者，则有大庆；微叹者，则有深忧。如此候之，未曾不审也。

有古强者，疑阿异人，常亲事之。试随阿还所宿，乃在青城山中。

强后复欲随阿去，然身未知道，恐有虎狼，私持其父大刀。阿见而怒强曰：『汝随我行，那畏虎也！』取强刀以击石，刀折坏。强忧刀败，至旦随出。阿问强曰：『汝愁刀败也？』强言实恐父怪怒。阿则取刀

李阿是蜀地人，连着几世都有人见过他，从不见他衰老。

他经常在成都集市上乞讨，把乞讨来的东西，分给贫穷的人。他晚上离去早晨又回来，人们都不知道他住哪里。

要是有人来找他问卜事情，李阿都不说话，来人只要看他的脸色就可以判断了。要是他的脸色很高兴的样子，则事情一定很顺利；要是他的面容看起来很凄惨，则事情一定会有凶险；要是他面带笑容，则会有喜庆的大事发生；要是他轻轻地叹息，则说明事情会有波折。照着这个去判断，没有不应验的。

有个叫古强的，怀疑李阿是有异术的人，经常亲近服侍他。一次试着跟随李阿回到他的住地，发现是在青城山里面。

古强后来还想跟着李阿进山，但是因为他没有道术，怕碰到虎狼等野兽，就悄悄带着父亲的大刀。李阿

原 译

左手击地，刀复如故。

强随阿还成都，未至，道逢人奔车。阿以脚置其车下，轹脚，皆折，阿即死。强怖，守视之。须臾，阿起，以手抚脚而复如常。

强年十八，见阿年五十许，强年八十余，而阿犹然不异。后语人，被昆仑山召，当去，遂不复还也。

看见了就生气地对古强说：『你跟着我走，哪里还怕什么老虎！』拔出他的刀往石头上砍，刀就被砍弯弄坏了。古强心里忧愁着刀被弄坏了，直到早晨跟随着李阿出来。李阿问古强道：『你是担心刀被弄坏了？』古强回答说其实是怕父亲怪罪他。李阿就拿过刀来用左手举起砍向地面，刀就恢复了原来的样子。

古强跟着李阿回成都，还没到的时候，路上碰到个人正赶着一辆马车在奔跑。李阿把脚伸到车下面，车轮就压了过去，脚都断了，李阿立即就昏死了过去。古强很害怕，守在他的身边看着他。过了一会儿，李阿起身，用手抚摸了一下脚，腿脚立刻就恢复了正常。

古强十八岁时，看李阿年龄大概五十几岁，等到古强八十多岁时，李阿的面貌依然没有什么变化。

李阿后来告诉别人，他被昆仑山那里征召，应当要走了，于是就再也没有回来。

卷叁

神仙传

河上公

原 译

河上公者，莫知其姓字。汉文帝时，公结草为庵于河之滨。帝读《老子经》，颇好之，敕诸王及大臣皆诵之，有所不解数事，时人莫能道之。闻时皆称河上公解《老子经》义旨，乃使赍所不决之事以问。

公曰：『道尊德贵，非可遥问也。』帝即幸其庵，躬问之。

帝曰：『普天之下，莫非王土；率土之滨，莫非王臣。域中四大，王居其一。子虽有道，犹朕民也，不能自屈，何乃高乎？』

公即抚掌坐跃，冉冉在虚空中，去地数丈，俯仰而答曰：『余上不至天，中不累人，下不居地，

河上公这个人，没有人知道他的姓名。在汉文帝时，他在河边用茅草盖了座小屋居住。

汉文帝经常诵读《老子经》，十分喜欢这本书，就下令王孙和大臣们都要诵读，但是他对书中有几处不理解，当时的人也说不明白。文帝听到当时社会都在传言，说河上公能解释《老子经》的意义和要旨，就派使者带着他不明白的问题去询问。

河上公说：『道德是最尊贵的东西，是不能够隔着遥远的距离询问的。』文帝就来到他的茅草屋，亲自向他请教。

文帝说：『全天下都是帝王的领土；凡是在水土上生活的人，都是帝王的臣民。世界上有四样东西最为尊贵，帝王即是其中之一。你虽然是有道之人，但依然属于我的臣民，你怎么就不能委屈一下自己，反而显得比我还要高贵呢？』

原 译

何民臣之有？』帝乃下车稽首曰：『朕以不德，忝统先业。才小任大，忧于不堪。虽治世事，而心敬道，直以暗昧，多所不了，唯愿道君有以教之。』

公乃授素书二卷，与帝曰：『熟研之，此经所疑皆了，不事多言也。余注此经以来，一千七百余年，凡传三人，连子四矣，勿以示非其人。』言毕，失其所在。须臾，云雾晦冥，天地泯合。帝甚贵之。

论者以为文帝好老子之言，世不能尽通，故神人特下教之。而恐汉文心未至信，故示神变，所谓『圣人无常心，以百姓心为心』耶。

河上公拍了下手掌，坐在那里腾空而起，慢慢升到虚空中，离地几丈高，低头看看又抬头答道：『我上不触天，中不累及别人，下不居住地面，有哪个人可以让我做臣民呢？』文帝于是下车来跪拜道：『我没有什么德行，勉强统领着先祖们的大业。才能不足却责任重大，一直忧虑自己不堪重任。我虽然治理着国事，但是心里敬道，只是因为生性愚钝，很多事都不明白，十分希望有道的您能教导我。』

河上公于是传授给汉文帝两卷书，对他说：『深入去研读它，《老子经》的疑问就都会明白的，不需要多说什么。我注解这本经书以来，有一千七百多年了，只传授过三个人，加上你就四个了，不要把

它拿给不适合的人看。』说完，就不见了。过了一会儿，云雾把天地变得一片昏暗，天地都被笼罩在了一起。汉文帝十分珍重那本书。

评议此事的人认为汉文帝喜欢老子的书，但他那个年代的人还不能都弄通其中的意思，所以神人才特意下凡来教授他，又担心汉文帝内心不能完全相信，所以才对他演示神通变化，这就是所谓的『圣人没有自己一贯的想法，他始终把老百姓的所思所念当成他的想法』吧。

刘根

原 译

刘根者，字君安，京兆长安人也。

少明五经，以汉孝成皇帝绥和二年举孝廉，除郎中。

后弃世学道，入嵩高山石室。峥嵘峻绝之上，直下五千余丈。冬夏不衣，身毛长一二尺。其颜色如四、五十岁人，深目多须，鬓皆黄，长三四寸。每与坐，或时忽然变著高冠玄衣，人不觉换之时。

衡府君自说，先祖与根同岁者，至王莽时，频使使者请根，根不肯往。衡府君使府掾王珍问起居，根不答，再令功曹赵公往山达敬，根唯言谢府君，

刘根，字君安，是京兆长安人。

他年轻时就通晓儒家五经，在汉孝成皇帝绥和二年被举荐为孝廉，并被授予郎中一职。

刘根后来放弃世俗生活去学道，进入嵩山的石洞中。那石洞在陡峭的绝壁之上，下临地面有五千多丈高。他四季都不穿衣服，身上的毛有一两尺长，容貌看起来像四五十岁的人，他眼窝深陷，胡须浓密，鬓角发黄，有三四寸长。当有人陪他一起座谈时，他有时忽然变成戴着高帽穿着黑色衣服的样子，别人都觉察不出他什么时候换的衣服。

衡府君亲自说过，他的先祖跟刘根同龄，到王莽在位的时候，他不断派遣使者来邀请刘根，刘根却不肯去。衡府君让府吏王珍去问候刘根的生活起居，刘根也不答话，又派功曹赵公到山里去向他表达敬意，刘根只说了句感谢府君，就再也没别的话了。

原

更无他言。

后颍川太守高府君到官，郡民大疫，死者过半。太守家大小悉得病，高府君复遣珍往求根，请消除疫气之术。珍叩头述府君之言，根教言，于太岁宫气上，掘地深三尺，以沙著其中，及酒沃之。君依言，病者悉愈，疫气寻绝，每用有效。

后太守张府君，以根为妖，遣吏召根，拟戮之。一府共谏府君，府君不解。如是诸吏达根，欲令根去，根不听。

府君使至，请根。根曰：『张府君欲吾何为耶？间当至耳，若不去，恐诸君招咎，谓卿等不敢

译

后来颍川太守高府君为官上任，遇到本郡发生严重的疫病，死了一大半人。太守家里大大小小都得了病，高府君又派王珍去向刘根求助，请教他消除疫病的办法。王珍向刘根磕着头转述府君的话，刘根告诉他说，在太岁宫所在方位之上，在地上挖个三尺深的坑，用沙子填满，再用酒来浇满它。高府君按他的话做了，病人悉数痊愈，疫病也很快消失了，以后每次这样做都有效。

后来的太守张府君，认为刘根属于妖妄之人，就派遣捕吏去召他过来，准备杀了他。整个郡府的官吏都来劝说府君不要那样做，府君不答应。这样官吏们都来劝说刘根，想叫刘根逃走，刘根没有听从。

张府君的使者来了，请刘根过去。刘根说：『张府君找我有什么事呢？我一会儿就过去，要是不去，怕给你们招来麻烦，说你们不敢来喊我过去。』

来呼我也。』根是日至府时，宾客满坐，府君使五十余人持刀杖绳索而立，根颜色不变。

府君烈声问根曰：『若有何道术也？』答曰：『唯唯。』府君曰：『能召鬼乎？』曰：『能。』府君曰：『既能，即可促鬼至厅前，不尔当大戮。』根曰：『召鬼至，易见耳。』

借笔砚及奏案，铿铿然作铜铁之声，闻于外。又长啸，啸音非常清亮，闻者莫不肃然，众客震悚。须臾，厅上南壁忽开数丈，见兵甲四五百人，传呼赤衣兵数十人，赍刀剑，将一车，直从坏

刘根当天到府上时，宾客把郡府都坐满了，府君安排了五十多个人拿着大刀、木棍、绳索等站立两旁，刘根面不改色。

府君大声喝问刘根：『你有什么道术？』刘根回答说：『不敢不敢。』府君说：『你能召来鬼吗？』刘根说：『能。』府君说：『既然能，就马上把鬼召到厅前来，做不到就杀了你。』刘根说：『召鬼来，很容易就能看到。』

刘根向府君借了毛笔、砚台，还有放奏章的长桌子，弄得铿铿作响，像铜铁撞击的声音，屋外都能听到。刘根又长啸一声，啸音非常清脆响亮，听到的人都不自觉地恭敬起来，所有的客人都十分震惊害怕。过了一会儿，大厅上南边的墙壁忽然分开几丈远，看到有穿着盔甲的士兵四五百人，相传招呼着穿红衣服的士兵几十人，拿着刀剑，

原 译

壁中入来。又坏壁复如故，根敕下车上鬼，其赤衣便乃发车上被。

见下有一老翁老姥，大绳反缚。囚之，悬头厅前。府君熟视之，乃其亡父母也。府君惊愕流涕，不知所措。鬼乃责府君曰：『我生之时，汝官未达，不得汝禄养。我死，汝何为犯神仙尊官，使我被收，困辱如此，汝何面目，以立人间！』府君下阶叩头，向根伏罪受死，请求放赦先人。根敕五百兵将囚出，散遣之。

车出去，南壁开，后车过，壁复如故。既失车所在，根亦隐去，府君惆怅恍惚，状若发狂。妻登时死，良久，乃苏。云见府

押着一辆车，径直从崩开的墙壁里出来。很快崩坏的墙壁就恢复原样，刘根喝令车上的鬼下来，穿红衣服的士兵就把覆盖在车上的被子拿开。

众人看到从车上下来一个老头和一个老妪，被很粗的绳子反绑着。士兵们押着他们，在大厅前低着头。张府君仔细看了看，发现竟然是他已经去世的父母。府君吃惊地流下泪，呆立不知所措。两个鬼开口责怪府君说：『我们在世的时候，你还没做大官，没有享受过你的俸禄供养，我们死了，你怎么得罪尊贵的仙官，连累我们被收押，这样被捆住受辱，你还有什么脸面在人间立足啊！』张府君走下台阶向刘根磕头，承认自己有罪愿意受死，求刘根先把自己的父母赦免放走。刘根命令五百个士兵将囚犯带出去，把他们遣散走了。

囚车出去时，南边的墙壁又打开了，等囚车过去，墙壁又恢复了原来的样子。车子消失不见，

原 译

君家先捉者，大怒，言汝何故犯神仙尊官，使我见收，今当来杀汝。其后一月，府君夫妇男女皆卒。

府掾王珍，数得见，数承颜色欢然时，伏地叩头，请问根学仙时本末。

根曰：『吾昔入山精思，无所不到，后如华阴山，见一人，乘白鹿车，从者十余人，左右玉女四人，执采旄之节，皆年十五六。余载拜稽首，求乞一言。神人乃告余曰：「尔闻有韩众否。」答曰：「实闻有之。」神人曰：「我是也。」余乃自陈曰：「珍少好道而不遇明师，颇习方书，按而

刘根也隐身不见了，府君心情抑郁，意识恍惚，像要发疯的样子。他的妻子随即就昏死过去，过了好一会儿，才苏醒过来。说是看到府君家之前被捉拿的家人，他们都很愤怒，说你们为什么要得罪神仙，让我们被收监，马上就会来杀死你们。其后一月之内，府君夫妇和他们家子女都死了。

府吏王珍，好几次见到刘根，每次见他心情愉悦时，就跪地磕头，请问他学仙求道的本末经过。

刘根说：『我以前到山里练习精思，没有哪里没去过，后来到华山，看到一个人，坐着白鹿拉的车，随从有十几个，左右各有四名少女，拿着牦牛尾做的旗子，年龄都在十五六岁。我一再向他跪拜磕头，求他对我说句话。于是那个神人对我说：「你听说过韩众吗？」我说：「听说确实有这个人。」神人说：「我就是。」我于是自我介绍说：

为之，多不验，岂根命相不应度世也？有幸今日得遇大神，是根宿昔梦想之愿。愿见哀怜，赐其要诀。」神未肯告余，余乃流涕自搏，重请。神人曰：「坐，吾将告汝。汝有仙骨，故得见吾耳。汝今髓不满，血不暖，气少，脑减，筋息肉沮，故服药行气，不得其力。必欲长生，且先治病十二年，乃可服仙药耳。夫仙道有升天蹑云者；有游行五岳者；有服食不死者；有尸解而仙者。凡修仙道，要在服药，药有上下，仙有数品。不知房中之事，及行气导引，并神药者，亦不能仙也。药之上者，有九转还丹、太乙金液，服之，

「我年轻时就向往学道但一直没遇到高明的老师，自学过很多方书，按照书上说的去做，很多却没有效验，难道是我命中注定不能得道成仙吗？今天有幸遇到大神，是我长久以来梦中都在期待的愿望，万望您可怜我，把修仙的要诀赐给我。」神人还是不肯告诉我，我于是捶胸痛哭，再次恳请。神人说：「你坐吧，我跟你讲。你有成仙的骨相，所以才有机会见到我。你现在骨髓不满，血不温暖，少气，脑力不够，筋肉松弛衰败，所以虽然你服药和练习行气法，但是却没有收获。如果想要长生不死，你必须先用十二年来治病，然后才能服用仙药。神仙的道术有在天空踏着祥云飞行的；有在五岳山川之间自由穿行的；有通过服食而变得长生不死的；还有通过尸解方式成仙而去的。凡是想修炼成仙得道，要诀都是必须服食丹药。药也分上品和下品，仙也分好几品。不知晓房中术，

原 译

皆立登天，不积日月矣。其次有云母、雄黄之属，虽不即乘云驾龙，亦可役使鬼神，变化长生。次乃草木诸药，能治百病，补虚驻颜，断谷益气，不能使人不死也。上可数百岁，下即全其所禀而已，不足久赖也。」余顿首曰：「今日蒙教，乃天也。」神人曰：「必欲长生，先去三尸，三尸去，即志意定，嗜欲除也。」乃以神方五篇见授云：「伏尸常以月望晦朔，上天白人罪过，司命夺人算，使人不寿。人身中神，欲得人生，而尸欲得人死。人死，则神散无形之中，而成鬼。祭祀之，

还有行气、导引法，以及神药炼制法，也不能成仙。上品的丹药有九转还丹、太乙金液，服用了它们，就可以立即登天成仙，不需要积累时间去修炼。其次有云母、雄黄之类，虽然服用了它们不能立即乘云驾龙飞升，但也可以获得驱使鬼神的能力，得到变化之术并长生不死。再次一等就是用草木之类的药，它们能治疗各种疾病，补益人体虚损，延缓衰老，帮助人辟谷和增长气力，但不能让人长生不死。最多能让人活到几百岁，一般也就是保全人的健康而已，不能长久地依赖它们。」我磕头下拜说道：「今天承蒙您的指教，真是天意啊。」神人说：「如果想要长生，得先除去身体内的三尸，三尸去除后，人的意志才能安定，各种欲望也就没有了。」神人于是传授我五篇神方，并说道：「人体内潜伏的三尸经常在望、晦、朔这几天上天报

则得歆飨，故欲人死也。梦与恶人斗争，此乃尸与神相战也。」余乃从其言，合服之，遂以得仙。』

珍又每见根书符了，有所呼召，似人来取。或数闻推问，有人答对，及闻鞭挞之声，而悉不见其形，及地上时时有血，莫测其端也。

根乃教珍守一行气，存神坐，三纲六纪，谢过上名之法。

根后入鸡头山仙去。

告人所犯的罪过，司命就会根据人的罪过来减损人的寿命，让人不能长寿。人身中的神，希望人能长生，但三尸却希望人早死。人一死，则人的神就离散消失于无形之中，变成了鬼。人们祭祀鬼，三尸就得到祭祀品享用，所以三尸希望人早死。人有时梦到跟坏人打斗，那就是体内的伏尸和身中的神在打架。」我依照他说的去做，炼成神药服用，就得道成仙了。』

王珍又看见刘根每次画完符，就对着什么人招呼了一下，然后就好像有人来取走了。有几次听到他在审问，有人回话，还能听到鞭子抽打的声音，但都看不到人形，有时地上会看到血迹，都猜不出是怎么回事。

刘根教给王珍守一行气，存神静坐，三纲六纪，谢过上名斋戒的方法。

刘根后来进入鸡头山中成仙走了。

李仲甫

原 译

李仲甫者，丰邑中益里人也。少学道于王君，服水丹，有效。兼行遁甲，能步诀隐形。年百余岁，转少。初隐百日，一年复见形。后遂长隐，但闻其声，与人对语、饮食如常，但不可见。有书生姓张，从学隐形术。仲甫言：『卿性褊急，未中教。』然守之不止，费用数十万，以供酒食，殊无所得。张患之，乃怀匕首往。先与仲甫语毕，因依其声所在，腾足而上，拔匕首，左右刺斫。仲甫已在床上，笑曰：『天下乃有汝辈愚人，道学未得而欲

李仲甫是丰邑中益里人。他年轻时跟王君学习道术，服食水丹，有效验。同时他会遁甲法，能按照口诀踏步隐身。他到一百多岁时，又变年轻了。

他起初只隐身几百天左右，一年后再现出形体，后来就长期隐身，别人只能听到他的声音，跟人说话、吃喝都和平常一样，只是见不到他的人。

有个书生姓张，想跟他学隐身术。仲甫说：『你的性格狭隘急躁，不适合教你。』但是书生一直跟着他，并花费几十万钱，供给他饮酒吃喝，但还是一无所得。

张生于是怀恨在心，在怀里揣着一把匕首去找仲甫。他先跟仲甫说话，再根据他说话的声音判定他所在的位置，然后双脚跳起就冲了上去，拔出匕首，向左右乱砍乱刺。仲甫早已坐在床上，笑着说：『天下还真有你这么愚昧的人，道术没学成就要杀人。我是能被杀死的吗？我可以杀死你，但我宽恕你愚昧无知，不值得向你问罪。』

仲甫让人找来一条狗，放在书生面前，说：『看我能

杀之。我宁得杀耶？我真能死汝，但恕其顽愚，不足问耳。』使人取一犬来，置书生前，曰：『视我能杀犬否？』犬适至，头已堕地，腹已破。乃叱书生曰：『我能使卿如犬行矣！』书生下地叩头。乃止，遂赦之。

仲甫有相识人，居相去五百余里，常以张罗自业。一旦，张罗得一鸟，视之，乃仲甫也。语毕，别去。是日，仲甫已复至家。

在民间三百余年，后入西岳山去，不复还也。

不能杀死这条狗？』狗刚到面前，头就掉在了地上，肚腹也已经被破开。于是仲甫呵斥书生说：『我能让你像这条狗一样！』书生趴在地上磕头。仲甫于是停止了斥骂，赦免了他。

仲甫有个认识的人，居住地与他相隔了五百多里，那人平常以张网捕鸟为生。一天早晨，他张网捕获了一只鸟，看时，却是李仲甫。仲甫就跟他说了会儿话，告别离去。当天，仲甫就回到了家。

李仲甫在人间生活了三百多年，后来进入西岳华山，就没再回来。

李意期

原 译

李意期者，本蜀人，传世见之。汉文帝时人也，无妻息。

人欲远行速至者，意期以符与之，并丹书两腋下，则千里皆不尽日而还。

或说四方国土宫观市廛，人未曾见，闻说者，意不解。意期则为撮土作之，但盈寸，其中物皆是，须臾消灭。

或行，不知所之，一年许复还。于是乞食，得物，即度与贫人。于城都角中，作土窟居之，冬夏单衣，饮少酒，食脯及枣栗。

刘玄德欲伐吴，报关羽之死，使迎意期。意期到，甚敬

李意期本来是蜀地人，好几世人都见过他。他是生活在汉文帝时的人，没有妻子儿女。

有人要去远方希望能尽快到达，意期就拿了道符给他，并把丹书夹在那人两侧的腋窝下，于是一千里的路都不需要一天就能赶回来。

他有时跟人说起四周国家的风土人情和宫殿建筑及市集样貌，别人都未曾看见过，听他说的人，也不是很明白。李意期就聚土建造起来，建好后只有一寸大小，其中都是他说的那些事物，但一会儿就消失不见了。

他有时出行，也不知道去了哪里，一年多后又回来了。意期把乞讨得来的东西，都送给贫困的人。他在城墙的一角，做了个土窑洞住着，冬天和夏天都穿着单衣，偶尔喝点酒，吃各种果干，还有大枣及板栗。

刘备想要讨伐吴国，为关羽之死报仇，派人把李意期请来。意期来了后，刘备对他十分尊敬，向他询问征伐吴国的吉凶。李意期不回答，却要来纸笔，在纸上画出十几

原 译

之，问其伐吴吉凶。意期不答，而求纸，画作兵马器仗十数万，乃一一裂坏之，曰：『咄！』又画作一大人，掘地埋之，乃径还去。备不悦，果为吴军所败，十余万众，才数百人得还，甲器军资略尽。玄德忿怒，遂卒于永安宫。

意期少言，人有所问，略不对答。蜀人有忧患，往问之，凶吉自有常候。但占其颜色若欢悦，则善；惨戚，则恶。后入琅琊山中，不复见出也。

万的兵马武器，又一点点把它撕坏，说道：『唉！』又画了一个大人，然后在地上挖坑把他埋了，做完这些就径自回去了。刘备看完很不高兴，后来果然被吴军打败，十几万兵马，只有几百人回来了，兵甲武器军用物资都丧失殆尽。刘备忿恨恼怒，接着就死在永安宫里。

李意期很少跟人说话，有人来问他事，他也不怎么回答。蜀地人有担心的事，就去问他，是吉是凶都有特定的表现。要是看他脸色欢快愉悦，说明是好事；要是他的表情很凄惨，就有坏事发生。后来他进入琅琊山，就再也没人看见他出来过了。

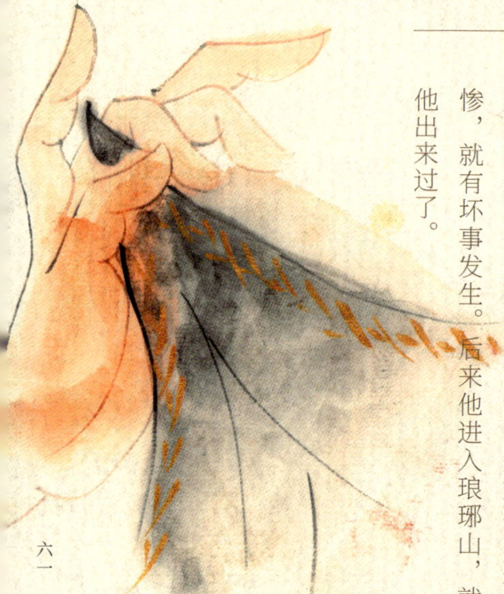

王兴

原 译

王兴者，阳城人也。居壶谷中，乃凡民也。不知书，无学道意。

汉武上嵩山，登大愚室，起道宫，使董仲舒、东方朔等，斋洁思神。

至夜，忽见有仙人，长二丈，耳出头巅，垂下至肩。武帝礼而问之，仙人曰：『吾九嶷之神也，闻中岳石上菖蒲，一寸九节，可以服之长生，故来采耳。』忽然失神人所在。

帝顾侍臣曰：『彼非复学道服食者，必中岳之神，以喻朕耳。』为之采菖蒲服之，经二年，帝觉闷不快，遂止。

王兴是山西阳城人。他居住在壶谷那里，是一个普通老百姓。他不识字，也没有想学道成仙的心思。

汉武帝上嵩山，登上大愚室，命人用石头建起几座修道的宫殿，让董仲舒、东方朔等人，斋戒沐浴后，专门在此思神静修。

到夜里的时候，汉武帝忽然看到有个仙人，身高二丈，耳朵上面高过头顶，下面垂到两肩。武帝向他行礼并问候，仙人说：『我是九嶷山的神，听说中岳嵩山石头上长的菖蒲，一寸生有九节，服了可以长生不老，所以来采集。』说着话，神人忽然就不见了。

武帝看看左右侍臣说：『他肯定不是来服食修道的，必定是中岳山的神仙，来通告我的。』侍臣们就为武帝采菖蒲服用，吃了两年，武帝觉得心里发闷不舒服，就不再吃了。

时从官多服，然莫能持久。唯王兴闻仙人教武帝服菖蒲，乃采服之不息，遂得长生。邻里老少皆云世世见之，竟不知所之。

当时很多跟从武帝的官员也一起服用，但是都没能坚持长久。只有王兴听说有仙人教武帝服食菖蒲，就一直不停地采集并服用，于是就获得了长生。邻居老老少少说世代都有人见过他，最后也不知道他去了哪里。

赵瞿

原

赵瞿者，字子荣，上党人也。得癞病，重垂死。或告其家云：『当及生弃之，若死于家，则世世子孙相蛀耳。』

家人为作一年粮，送置山中，恐虎狼害之，从外以木寨之。瞿悲伤自恨，昼夜啼泣，如此百余日。

夜中，忽见石室前有三人，问瞿何人。瞿度深山穷林之中，非人所行之处，必是神灵。乃自陈乞，叩头求哀。其人行诸寨中，有如云气，了无所碍。问瞿：『必欲愈病，当服药，能否？』瞿曰：『无状多罪，婴此恶疾，已见疏弃，死在旦夕，

译

赵瞿，字子荣，山西上党人。他得了麻风病，病重得快要死了。有天对家人说：『应该趁我活着把我扔了，要是哪天死在家里，恐怕会传染后世子孙都要得这病被虫蛀死。』

于是家里人就给他准备了一年的粮食，把他送到山里，又怕有虎狼等野兽来吃他，就在他屋前用木头围了一圈栅栏。赵瞿一个人在那里十分悲伤痛苦，白天晚上都止不住地啼哭，这样过了有一百多天。

有天半夜，他忽然看到石屋前有三个人，他们问赵瞿是什么人。赵瞿暗想这深山老林中，不是人应该来的，他们必定是神灵之类。于是向他们讲述自己的遭遇，磕头乞求他们哀怜自己。那些人在栅栏中行走，就像云气在飘动，没有任何障碍。他们就问赵瞿：『若是想病好，必须服药，你能接受吗？』赵瞿说：『无故受这么多罪，被这个病缠身，已经被家人疏远离弃了，我是早晚都要死的人，即使砍

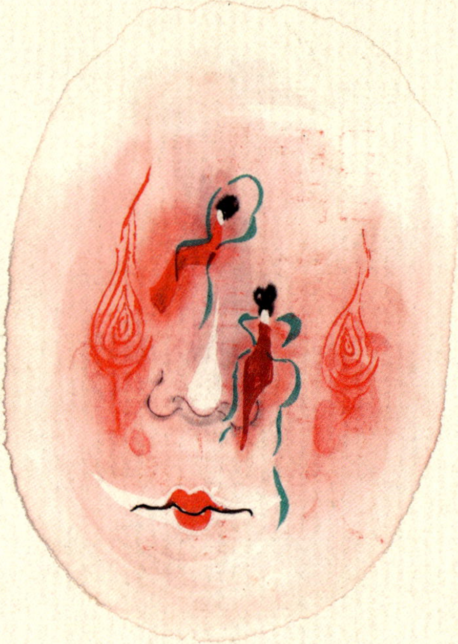

若刖足割鼻而可活，犹所甚愿，况服药，岂不能也？』神人乃以松子、松柏脂各五升赐之，告瞿曰：『此不但愈病，当长生耳，服半可愈，愈即勿废。』瞿服之未尽，病愈，身体强健，乃归家。

家人谓是鬼，具说其由，乃喜。遂更服之，二年，颜色转少，肌肤光泽，走如飞鸟。年七十余，食雉兔皆嚼其骨。能负重，更不疲极。年百七十，夜卧，忽见屋间光有如镜者，以问左右，云不见。后一日，一室内尽明，能夜书文。再见面上有二人，长三尺，乃美女也，甚端正，但小耳。戏其鼻上，

掉我的脚割去我的鼻子而能让我活命，都是非常愿意的事，何况服药，怎么不能？』神人就赐给他松子和松柏脂各有五升，告诉他说：『这些不但能治病，还能让你长生，吃一半病就可以好，好了也不要停服。』赵瞿没吃完药病就好了，身体也变得很强壮健康，于是就回家了。

家人看到他时以为他是鬼，赵瞿把前因后果说了一遍，家人才开始十分欢喜。赵瞿继续服药，坚持了二年，容貌变得更加年轻，肌肤也变得有光泽，走路像飞鸟一样轻快。七十多岁了，吃野鸡兔子都能把骨头嚼碎。他还能背重东西，一点也不觉得累。到他一百七十岁的时候，有天晚上睡觉，忽然看见屋子里有光像镜子一样明亮，他问身边的

如此二女稍长大，至如人，不复在面上，出在前侧。常闻琴瑟之声，欣然欢乐。

在人间三百余年，常如童子颜色。入山，不知所之。

人，都说没看见。到第二天，整个屋子都变得很明亮，并能在晚上写字。他又看到自己脸上有两个小人，有三尺长，都是美女，长得十分端庄，只是身材小罢了。那两人在他鼻子上玩闹，这样渐渐的两个女子开始长大，长到跟成人差不多大时，就不再待在他脸上了，就在他身前出没。赵瞿经常听到她们演奏琴瑟的声音，十分愉快欢乐。

赵瞿在人间待了三百多年，面貌一直都像个少年。后来他进入深山，不知道去了哪里。

王遥

原 译

王遥者，字伯辽，鄱阳人也，有妻无子。颇能治病，病无不愈者。亦不祭祀，不用符水、针药。其行治病，但以八尺布帊，敷坐于地，不饮不食，须臾病愈，使起去。

其有邪魅作祸者，遥画地作狱，因召呼之，皆见其形，入在狱中。或狐狸、鼍、蛇之类，乃斩而燔烧之，病者即愈。

遥有竹箧，长数寸，有一弟子姓钱，随遥数十年，未尝见遥开之。

王遥，字伯辽，是鄱阳人，他有妻子但没有儿女。他很会治病，没有治不好的病人。他治病时不用祭祀鬼神，也不用符水、针灸草药。他治病的时候，只用约八尺大小的布巾，铺在地上，让病人坐上去，这样不吃不喝，一会儿病就好了，然后就让他们起身离去。

如果是鬼怪精灵作祸害人，王遥就在地上画一个监狱，然后召唤它们，就能让这些鬼怪现形，并把它们收到监狱里去。有时是狐狸、鳄鱼、蛇之类，就把它们砍成两截烧死，病人就好了。

王遥有个竹箱，有几寸长，有个姓钱的弟子，跟随他几十年了，也没见他打开过。

一天晚上，天空下着大雨，一片昏暗阴沉，王

一夜，大雨晦暝，遥使钱以九节杖，担此箧，将钱出，冒雨而行。遥及弟子，衣皆不湿，所行道，非所曾经。又常有两炬火导前，约行三十里许，登小山，入石室。

室中有二人，遥既至，取弟子所担箧发之，中有五舌竹簧三枚，遥自鼓一枚，以二枚与室中二人并坐鼓之。良久，遥辞去，收三簧，皆纳箧中，使钱担之。室中二人出送，语遥曰：『卿当早来，何为久在俗间？』遥答曰：『我如是当来也。』

遥让弟子用九节竹杖，担着这个竹箱，带他出门，冒着大雨出行。王遥和弟子的衣服都没有被淋湿，所走的路，也是未曾走过的。又一直有两个火把在前面引路，大概走了三十多里路，爬上一座小山，进入一个石屋中。

屋里有两个人，王遥来到后，拿过弟子担的竹箱并打开，其中有三个五舌的竹簧，王遥自己吹奏一个，另外两个给了屋里那两人，一起坐着吹奏。过了好久，王遥告辞而去，收回三个竹簧，都放到竹箱里，让弟子担着。屋子里的两个人出来送行，对王遥说：『您应该早点过来，为什么在尘世间待那么久？』王遥回答说：『我办完事自然就来了。』

遥还家百日，天复雨，遥夜忽大治装。遥先有葛单衣及葛布巾，已五十余年，未尝著此，夜皆取著之。其妻即问曰：『欲舍我去乎？』遥曰：『暂行耳。』妻曰：『当将钱去不？』遥曰：『独去耳。』妻乃泣涕曰：『为且复少留。』遥曰：『如是还耳。』因自担箧而去，遂不复还。

后三十余年，弟子见遥在马蹄山中，颜色更少，盖地仙也。

王遥回家待了一百天，天又开始下雨，他夜里忽然穿起很正式的衣服。王遥以前有套葛布单衣和葛布头巾，已经五十多年没穿了，晚上都取出来穿上。他妻子就问他：『你想舍下我走了吗？』王遥说：『只是暂时离开一下。』妻子说：『要带上弟子一起走吗？』王遥说：『我一个人离开。』妻子于是哭泣道：『为我就再多留些日子吧。』王遥说：『办完事就回来。』于是就自己担着竹箱走了，再也没有回来。

三十多年后，他的弟子看见王遥在马蹄山里，容貌看起来更加年轻了，大概属于地仙一类。

李常在

原 译

李常在者，蜀郡人也。少治道术，百姓累世奉事，计其年，已四五百岁而不老，常如五十许人。

治病困者，三日，微者一日愈。在家有二男一女，皆已嫁娶，乃去。去时，从其弟子曾家、孔家，各请一小儿，年皆十七八。家亦不知常在欲何去，即遣送之。

常在以青竹杖度二儿遣归，置其家所卧之处，径还，勿与家人语。二子承教，以杖归家，家人了不见，儿去后，乃各见死在床上。二家哀泣，殡埋之。百余日，弟子从郫县逢常在，

李常在是蜀郡人。他年轻时钻研道术，好几代老百姓都信奉他，计算一下他的年纪，已经有四五百岁了，但他一点也不衰老，一直像五十几岁的人。

李常在给病重的人治疗，三天就能好，病轻的一天就痊愈。他在家里的时候，有两个儿子和一个女儿，都已经各自嫁娶了，于是他也要离去。临走的时候，从他的弟子曾家和孔家，分别要求带走一个小孩，年纪都在十七八岁。那两家人也不知道常在要去哪里，就把孩子派遣过来送给了他。

常在后来用青竹竿把两个孩子送回家，让他们把竹竿放到家里他们睡觉的地方，然后直接返回，不要跟家人说话。二人答应照办，拿着竹竿回家，家里人始终都没看见他们，等他们走了，家人发现他们都死在了床上。两家人很是悲伤，痛哭了一番，就把他们用棺材装好埋了。一百多天后，常在的弟子在郫县遇到常在，他正带着这两个孩子一起走。

原译

将此二儿俱行。二儿与弟子，泣语良久，各附书到二家。发棺视之，唯青竹杖耳，乃知非死。

后三十余年，居地肺山，更娶妇，常在先妇儿，乃往寻求之。未至十日，常在谓后妻曰：『吾儿欲来见寻，吾当去，可将金饼与之。』及至，求父所在，妇以金与之。儿曰：『父舍我去数十年，日夜思恋，闻父在此，故自远来觐省，不求财也。』乃止。

三十日，父不还，儿乃欺其母曰：『父不还，我去矣。』至外，藏于草间。常在还语妇

两个孩子跟他的弟子哭着说了很久的话，又各自写信让他带回家。他们两家见信后把棺材打开看，只见青竹竿而已，于是知道他们并没有死。

后来的三十多年时间里，李常在都在地肺山居住，又娶了个妻子，他之前的妻子和儿子，就想过来找他。在他儿子来的前十天，常在对后妻说：『我儿子想来找我跟我见面，我应当离开，你可以把金饼给他。』等他儿子到来后，问父亲去了哪里，后妻就把金饼给他。他儿子说：『父亲舍弃我离家几十年了，我日夜思念，听说父亲在这里，所以才大老远的过来拜见他，我不是来求财的。』于是后妻就作罢了。

过了三十天，他父亲还不回来，儿子就欺骗后母说：『父亲不回，我走了。』他走到外面，躲藏在草丛中。李常在回家后对妻子说：『这个

曰：『此儿诈言如是，当还，汝语之：「汝长，不复须我，我在法，不复与汝相见。」』乃去。少顷，儿果来，母语之如此。儿自知不复见其父，乃泣涕而去。

后七十余年，常在忽去，弟子见在虎寿山下居，复娶妻，有父子。

世世见之如故，故号之曰『常在』。

孩子是假意这样说，他应该还会回来。他回来时你就对他转达我的话：「你长大了，不再需要我了，我是修行道法的人，不会跟你再见面了。」』说完就又走了。过了一会儿，儿子果然回来了，后母就把他父亲说的话告诉了他。儿子知道不会再见到他父亲了，就哭着走了。

后来又过了七十多年，常在忽然有一天又离去了，他的弟子看到他在虎寿山下居住，又娶了个妻子，还生了儿子。

因为世世代代都有人见他这样，所以就称呼他为『常在』。

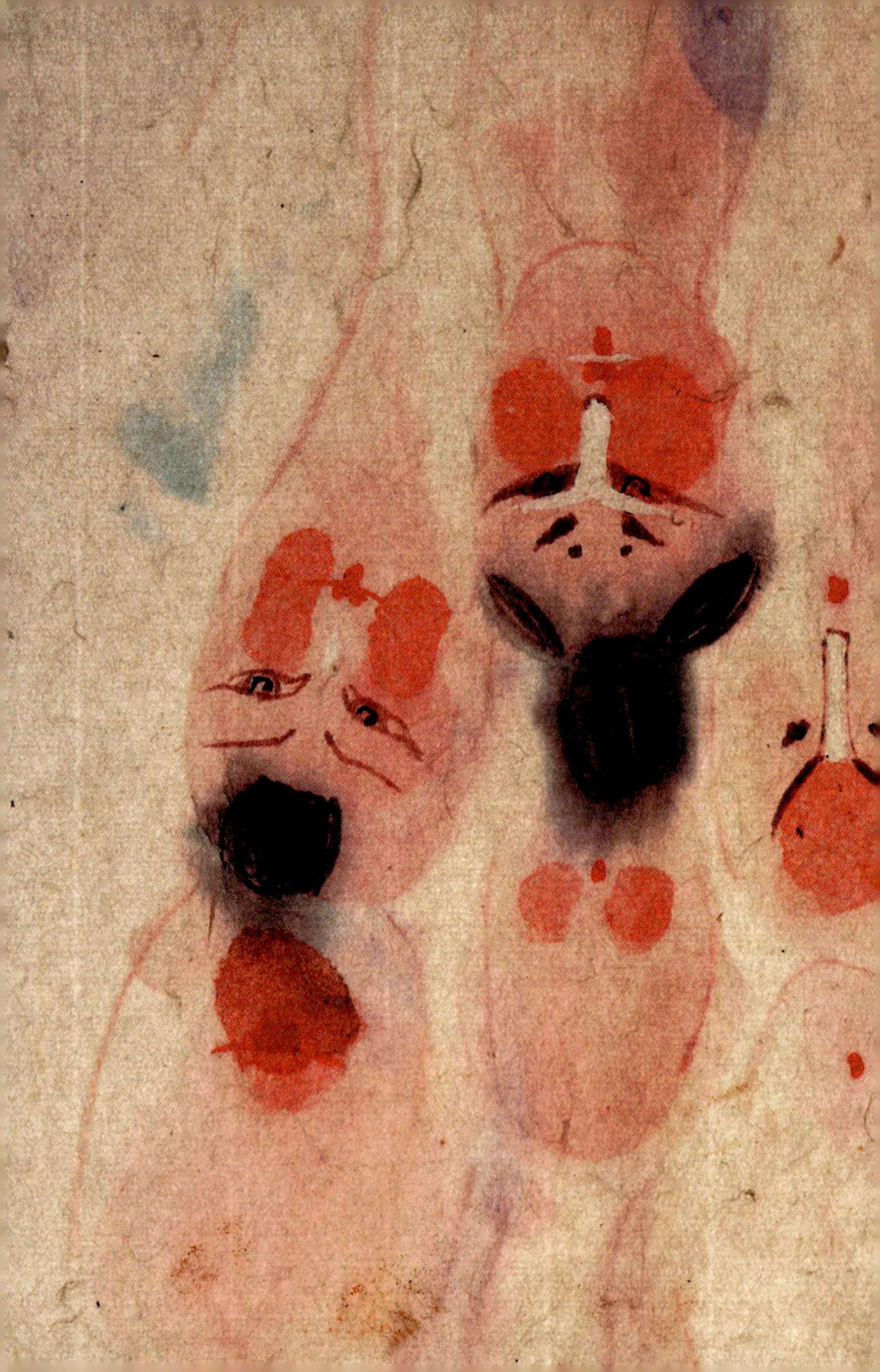

卷肆

神仙传

阴长生

原 译

阴长生者，新野人也，汉皇后之亲属。少生富贵之门，而不好荣贵，唯专务道术。

闻马鸣生得度世之道，乃寻求之，遂得相见。便执奴仆之役，亲运履之劳，鸣生不教其度世之法，但日夕别与之高谈，论当世之事，治农田之业，如此十余年，长生不懈。

同时共事鸣生者十二人，皆悉归去，唯长生执礼弥肃，鸣生告之曰：『子真能得道矣。』乃将入青城山中，煮黄土为金以示之，立坛西面，乃以《太清神丹经》授之。

鸣生别去，长生乃归合之，

阴长生是河南新野县人，属于汉光烈皇后阴丽华的亲戚。他虽然从小就生长在富贵人家，但是却不喜欢荣华富贵的生活，只是专心研究道术。

他听说马鸣生获得了成仙的道法，就去寻访，最终得以相见。他给马鸣生做仆人才做的活，甚至亲自给他提鞋，但马鸣生一直都不教给他成仙的方法，只是早晚拉他一起高谈阔论，讨论当时的国家大事，带他一起耕田种地，这样过了十几年，阴长生求道之心依然没有松懈。

跟阴长生一起在马鸣生那里做事求道的有十二个人，悉数离去，只有阴长生一直尽心地守着弟子之礼，马鸣生于是对他说：『你才是能得道的人啊。』于是把他带入青城山中，给他演示怎么把黄土煮炼成金子，在西方立好祭坛，把《太清神丹经》传授给了他。

马鸣生告别而去，阴长生就回来配药炼丹，丹

丹成，服半剂，不即升天。乃大作黄金十数万斤，以布惠天下贫乏，不问识与不识者。周行天下，与妻子相随，一门皆寿而不老。在民间三百余年，后于平都山东白日升天而去。

著书九篇云：上古仙者多矣，不可尽论。但汉兴以来，得仙者四十五人，连余为六矣。二十人尸解，余并白日升天。

抱朴子曰：洪闻谚书有之曰：『子不夜行，则安知道上有夜行人。』今不得仙者，亦安知天下山林间，不有学道得仙者？阴君已服神药，虽未即

药炼成，他只吃了半剂，因为还不想马上升天。于是他炼制黄金十几万斤，用来布施给天下穷苦之人，不管是认识的还是不认识的。他此后与妻子儿女一起周游天下，一家都长寿不老。他在民间待了三百多年，后来在平都山的东边白日飞升上天走了。

阴长生写了一本书，共分九篇，其中说道：上古时，成仙的人有很多，不能一一说明。但是从汉代兴起以来，修炼成仙的只有四十五个人，加上我是四十六个。其中有二十个人通过尸解成仙，其余的都是白日飞升成仙。

抱朴子说，葛洪听说谚语中有句话：『你不走夜路，怎么知道路上没有夜里走路的人。』现在那些未成仙的人，怎么能知道天下深山老林之中，没有学道成仙的人呢？阴长生已经服用神药，虽然没有马上飞升上天，但是同类的人会聚到一起，相同

升天，然方以类聚，同声相应，便自与仙人相集，寻索闻见，故知此近世诸仙人数耳。而俗民谓为不然，以己所不闻，则谓无有，不亦悲哉！

夫草泽间士，以隐逸得志，以经籍自娱，不耀文彩，不扬声名，不循求进，不营闻达，人犹不能识之，况仙人。亦何急急令闻达朝阙之徒，知其所云为哉！

阴君自叙云：汉延光元年，新野山北，予受仙君神丹要诀：道成去世，付之名山，如有得者，列为真人。行乎去来，何为俗

的人也能相互感应，所以他自然能跟仙人们相聚一处，加上他在寻找搜索仙人们时听到和看到的，所以他才知道近世仙人们的数目。但是普通人说不是这样，因为他们自己从来没听说过，就说没有成仙这回事，不是很可悲吗！

那些在乡野里的读书人，以隐居为志向，以阅读经典书籍为乐，写文章不炫耀文采，也不对外传播自己的名声，不刻苦攻读以求进步，也不追求高官显位，人们对这些人都不能认识清楚，更何况仙人。那些急于想在朝廷中飞黄腾达的人，怎么能知道阴长生所说的修仙的事呢！

阴长生的自叙里说：汉延光元年，在新野县大山的北边，我接受了仙人的神丹要诀：你修道成功离开世间时，要把这要诀藏在名山之中，如果被人得到，那他就是真人。人生来去一场，为何要为俗

间？不死之要，道在神丹。行气导引，俯仰屈伸；服食草木，可得延年，不能度世，以至乎仙。子欲闻道，此是要言。积学所致，无为合神。上士为之，勉力加勤，下愚大笑，以为不然。能知神丹，久视长安。

于是阴君裂黄素，写丹经，一通封一文石之函，置嵩高山；一通黄栌之简，漆书之，封以青玉之函，置太华山；一通黄金之简，刻而书之，封以白银之函，置蜀绥山。一封缣书，合为十篇，付弟子，使世世当有所传付。又著诗三篇，以示

世间的事奔忙呢？不死的秘诀，主要在炼制神丹。练习行气和导引，俯仰屈伸身体而已；服食花草树木之类的药物，也只能延长寿命，这些都不能超脱尘世，成为神仙。你想学习仙道，这才是关键的话。学道需要慢慢累积，通过修无为法而让自己形神合一。上等人不断勉励自己去勤奋修行，下等愚人则嘲笑修道，以为没有这回事。能知道神丹的秘诀，才能真正长生不老。

于是阴长生把黄绢布撕开，写上丹经，一份封藏在一个文石盒子里，放在嵩高山上；一份是用黄栌木做成的简书，用漆写上，封藏在青玉做的盒子里，放在华山；一份用黄金做的简书，刻写好后封藏在白银做的盒子里，放到蜀地绥山。他又在丝帛上把丹经写了一遍，合起之前的九篇文章共十篇，阴长生把这十篇文章交付给弟子，好让世世代代都能传

将来。

其一曰：惟余之先，佐命唐虞，爰逮汉世，紫艾重纡，予独好道，而为匹夫。高尚素志，不仕王侯，贪生得生，亦又何求？超迹苍霄，乘龙驾浮，青云乘翼，与我为仇。入火不灼，蹈波不濡，逍遥太极，何虑何忧。

承下去。他又写了三篇诗，用来明示未来的人。

第一篇说：我的前世，曾为官辅佐过尧舜二帝，等到了汉朝，又成了皇亲国戚，但是我喜欢修道，因此一直做平民百姓。我一向立志高远，不愿为君王诸侯所用，我向往长生而且获得了长生，还有什么其他可追求的呢？我现在成仙来到天宫，可以驾着龙浮在虚空中行进，青色的云成了我的两翼，与我相伴。我进到火中不会被烧伤，踏着波浪不会被弄湿，在天宫中逍遥自在，无忧无虑。我现在在神仙的都城遨游嬉戏，看着那些世间的愚痴众生真是可怜。生命在一年一年地流逝，就像那大河奔流昼夜不息，忽然之间就可能死去，死后就会与泥土相伴，但众生还在奔波劳碌地走向死亡，都不肯让生命暂时休息一下。

第二篇说：我最神圣的老师，真正体悟了大道，

遨戏仙都，顾悯群愚。年命之逝，如彼川流，奄忽未几，泥土为俦，奔驰索死，不肯暂休。

其二章曰：予之圣师，体道之真，升降变化，乔松为邻。唯余同学，十有二人，寒苦求道，历二十年，中多怠堕，志行不坚。痛乎诸子，命也自天，天不妄授，道必归贤。身没幽壤，何时可还，嗟尔将来，勤加精研，勿为流俗，富贵所牵，神道一成，升彼九天，寿同三光，何但亿千。

其三章曰：惟余束发，少好道德，弃家随师，东西南北，委放五浊。避世自匿，三十余年，

他可以上天入地、自由变化，和王子乔、赤松子他们相邻为友。我的同学，有十二个人，我们一起忍受寒冷辛苦学道，度过了二十年，其中很多人中途懈怠偷懒，志向和修行都不够坚定。好可惜啊这些人，大概也是他们的天命吧，上天是不会胡乱传授大道的，必须要传给那些贤能的人。人一旦死去就要投奔幽冥界，什么时候能回到人间就不知道了，奉劝将来的那些人啊，一定要勤奋地精心钻研，不要被世俗偏见所干扰，也不要受荣华富贵的诱惑，神仙之道一旦修成，就可以升到九天之上，和日月星辰同寿，到时寿命又何止千亿年呢。

第三篇说：我从十五岁开始束发的年纪，就一直喜欢修养道德，后来离家拜访老师，东南西北地奔走，把自己流放在世俗之外。我躲避世人把自己隐藏了起来，这样住在名山之旁度过了三十多年。

名山之侧。寒不遑衣，饥不暇食，思不敢归，劳不敢息，奉事圣师，承欢悦色。面垢足胝，乃见哀识，遂受要诀，恩深不测。妻子延年，咸享无极。黄白已成，货财十亿。使役鬼神，玉女侍侧。今得度世，神丹之力。

阴君处民间百七十年，色如童子，白日升天而去。

天冷了没空加衣服，饿了没空吃饭，想家了也不敢回去，疲劳了也不敢休息，只一心侍奉圣师，才得到老师的欢心。我干活干得脸上脏兮兮，脚上长出厚茧，才受到老师的垂怜，传授给我得道的要诀，老师的恩情是无法测量的啊。我的妻子儿女也得以长生，跟我一起享受无限的寿命。炼制黄金白银的法术也已学成，家中有上亿的财富。还能调动鬼神去办事，有仙女在一旁伺候我们。我现在得以超脱凡尘而成仙，都是因为服用神丹的功效。

阴长生待在民间有一百七十年，脸色一直像少年一样，最后在白日升天走了。

原 译

张道陵

张道陵者，字辅汉，沛国丰人也。本太学书生，博通五经，晚乃叹曰『此无益于年命』，遂学长生之道。得黄帝九鼎丹法，欲合之，用药皆糜费钱帛。陵家素贫，欲治生，营田牧畜，非己所长，乃不就。

闻蜀人多纯厚，易可教化，且多名山，乃与弟子入蜀。住鹄鸣山，著作道书二十四篇，乃精思炼志。忽有天人下，千乘万骑，金车羽盖，骖龙驾虎，不可胜数。或自称柱下史，或称东海小童，乃授陵以新出正一盟威之道。

陵受之，能治病，于是百

张道陵，字辅汉，是沛国丰县人。本来是个太学的学生，通晓五经，晚年叹息道：『这些对延长寿命都没有用』，于是就去学长生不老的道术。他学到了黄帝的九鼎丹法，想要炼制此丹，但是要用的药都太耗费钱财，张道陵家里一向贫困，他想要经营家业，饲养牲畜，但自己又不擅长，于是就没有实施。

他听说蜀地的人很单纯朴实，容易被教育引导，而且当地有很多名山，就带着弟子们入蜀。他住在鹄鸣山，写了二十四篇道书，然后开始通过练习精思来锻炼心志。有一天忽然有无数天人下来，他们的坐骑成千上万，车子都是金子做的，车顶也用羽毛装饰，拉车的是龙或虎，多得不可胜数。有的天人自称柱下史，有的自称东海小童，他们传授给了张道陵新出的正一盟威的道法。

张道陵学了道法后，能给人治病，于是老百姓

原 译

姓翕然奉事之以为师，弟子户至数万。即立祭酒，分领其户，有如官长。并立条制，使诸弟子，随事输出米、绢、器物、纸笔、樵薪什物等。领人修复道路，不修复者，皆使疾病。

县有应治桥道，于是百姓斩草除溷，无所不为，皆出其意，而愚者不知是陵所造，将为此文从天上下也。

陵又欲以廉耻治人，不喜施刑罚，乃立条制，使有疾病者，皆疏记生身已来所犯之罪，乃手书投水中，与神明共盟约，不得复犯法，当以身死为约，

都来找他，把他当天师供奉，他收的弟子达到好几万户。张道陵于是设立了祭酒的职位，分别来管理各户弟子，就像官府的官员一样。同时他还订立了规章制度，让弟子们根据需要轮流供奉大米、布匹、用具、纸笔、木材木炭等东西。他还带领众人去修复道路，那些不参加修复的人，就让他们得病。

县里有需要修理的路桥，老百姓就会砍树锄草，清理垃圾，什么活都干，这都是出于张道陵的命令，而一些愚昧的人不知道是张道陵发布的命令，还以为那些让人们做事的告示是从天上下来的。

张道陵又想用礼义廉耻治理人们，他不喜欢用刑罚，于是就订立制度，让有病的人把自己从出生以来所犯的罪过都一条条记下来，亲笔写好扔到水中，向神明宣誓约定，不能再犯法，再犯就按照约定去死，于是老百姓的病一个个都好了。

于是百姓计愈。

邂逅疾病，辄当首过，一则得愈，二使羞惭，不敢重犯，且畏天地而改，从此之后，所违犯者，皆改为善矣。

陵乃多得财物，以市其药合丹，丹成，服半剂，不愿即升天也。

乃能分形，作数十人。其所居门前水池，陵常乘舟戏其中，而诸道士宾客，往来盈庭，盖座上常有一陵，与宾客对谈，共食饮，而真陵故在池中也。

其治病事，皆采取玄素，但改易其大较，转其首尾，而

那些偶尔遭遇疾病的人，就让他们忏悔自己的过错，这样一方面能让疾病痊愈，另一方面让病人感到羞耻和惭愧，不敢再犯同样的过错，同时也会畏惧天地的神明而改正自己，从这之后，所有违法犯罪的人，都改过向善了。

张道陵于是获得了很多的财物，就用来买药炼制丹药，丹药炼成，他服了半剂，因为还不想马上就升天而去。

服丹后张道陵就会了分身术，可以化作几十个人。他居住的房屋门前有个水池，他经常乘舟在其中娱乐，而很多道士和宾客，来来往往把他院子都挤满了，而屋子里一直也有一个张道陵，与来宾交谈，一起吃喝，而真正的张道陵却在水池里。

张道陵为人治病，都是用的房中术，但他把房中术的主要内容更改了，保留了起始和结尾，只是

大途犹同归也。行气、服食，故用仙法，亦无以易。

故陵语诸人曰：『尔辈多俗态未除，不能弃世，正可得吾行气、导引、房中之事，或可得服食草木数百岁之方耳。其有九鼎大要，唯付王长，而后合有一人，从东方来，当得之，此人必以正月七日日中到。』具说长短形状。至时，果有赵昇者，恰从东方来，生平原，相见，其形貌亦如陵所说。

陵乃七度试，昇皆过，乃受昇丹经。

七试者：

大致意思还是没有变。他所教授的行气、服食等方法，还是按以前仙家的方法施行，也没有什么变化。

张道陵有次对众人说：『你们这些人还是有很多俗世的心态没有去掉，不能完全弃绝尘世，只能学我行气、导引、房中术之类的方法，有人大概也能得到服用草木之类的药活几百岁的方子。但是黄帝的九鼎丹法秘诀，只能传授给王长，之后应该还有一个人，从东方过来，也应当能得到，这个人必定在正月初七的中午来到。』然后把他的高矮相貌都说了一遍。到那天，果然有个叫赵昇的人，恰好从东方过来，他出生在平原地区，跟众人一见面，相貌跟张道陵说的丝毫不差。

张道陵考验了赵昇七次，赵昇都通过了，于是才传授给他丹经。

这七次考验是：

第一试：昇到门，不为通，使人骂辱四十余日，露宿不去，乃纳之；

第二试：使昇于草中守黍驱兽，暮遣美女非常，托言远行过，寄宿，与昇接床，明日，又称脚痛不去，遂留数日，亦复调戏，昇终不失正；

第一次：赵昇来到门前，看门人不仅不给他向里通报，还故意让人辱骂他四十多天，但他一直在门前露宿不走，这才放他进门；

第二次：让赵昇在草丛中守护黍子，驱赶野兽，傍晚派个很美丽的女子过去，谎称自己走远路路过，要在这里寄宿，晚上挨着赵昇睡在一张床上，第二天，又说自己脚疼不能走了，就留下来住了几天，还不断挑逗他，赵昇始终没有丧失正念；

第三次：赵昇走在路上，忽然看见路上有人掉落的三十个金饼，但赵昇从旁边走了过去，没有拾取；

第四次：让赵昇去山里打柴，三只老虎跑到他面前，撕咬他的衣服，但是不伤害他的身体。赵昇一点也不害怕，脸色都不变，他对老虎说：『我是个道士，从年轻时就没做过坏事，所以不怕行走千

原译

第三试：昇行道，忽见遗金三十饼，昇乃走过，不取；

第四试：令昇入山采薪，三虎交前，咬昇衣服，唯不伤身。昇不恐，颜色不变，谓虎曰：『我道士耳，少年不为非，故不远千里，来事神师，求长生之道，汝何以尔也？岂非山鬼，使汝来试我乎？』须臾，虎乃起去；

第五试：昇于市买十余匹绢，付直讫，而绢主诬之，云未得。昇乃脱己衣，买绢而偿之，殊无吝色；

第六试：昇守田谷，有一人往，叩头乞食。衣裳破弊，

里远的路来侍奉老师，求学长生不老的道术，你们怎么能这样对我？难道是山中鬼魅，派你们来试我的吗？』过了一会儿，老虎就起身离开了；

第五次：赵昇在集市里买了十几匹绢布，付完费用，店主却诬陷他，说没拿他的钱。赵昇就把自己的衣服脱掉，买来绢布作为补偿，一点也没有舍不得的样子；

第六次：赵昇在田里守护稻谷，有个人过来，磕头要吃的。那个人衣服破败，面目肮脏，身上还长着脓疮，恶臭难闻令人不敢靠近。赵昇脸上显得很难过悲伤，他把自己的衣服脱了下来给他穿上，用自己的那份粮食给他做吃的，又把自己的米都送给了他；

第七次：张道陵带着弟子们，登上高耸入云的悬崖之上，悬崖下有一棵桃树，树干跟人手臂差不

面目尘垢，身体疮脓，臭秽可憎。昇怆然为之动容，解衣衣之，以私粮设食，又以私米遗之；

第七试：陵将诸弟子，登云台绝岩之上。下有一桃树，如人臂，旁生石壁，下临不测之渊，桃大有实。陵谓诸弟子曰：『有人能得此桃实，当告以道要。』于时伏而窥之者，二百余人，股战流汗，无敢久临。视之者，莫不却退而还，谢不能得。昇一人曰：『神之所护，何险之有，圣师在此，终不使吾死于谷中耳。师有教者，必是此桃有可得之理故耳。』乃

多粗，在石壁上倒生出来，桃树下是不知道有多深的深渊，桃树上结了不少桃子。张道陵对众弟子说：『要是有人能摘到这棵桃树的桃子，我就会把得道的秘诀告诉他。』当时趴在地上向下探望的，有二百多人，都是大腿直抖，虚汗直冒，不敢靠近太久。看过的人，都转身退了回来，推脱说桃子没法摘到。只有赵昇一个人说：『有神在这里保护，哪有什么危险，圣师在这里，必定不会让我死在这山谷中。老师既然这么说了，必定是这个桃子有可以得到的道理。』于是他就自己从上面跳了下去，正好落到树上，也没有失足跌倒。他摘了一堆桃子放在胸前，但石崖很陡峭险峻，也没有可以攀爬的东西，这样赵昇就无法回去了。于是赵昇把桃子一个个地扔了上去，正好二百零二个，张道陵拿到后分别赐给弟子们每人一个，然后自己吃一个，留一个准备给赵昇。

从上自掷，投树上，足不蹉跌。取桃实满怀，而石壁险峻，无所攀缘，不能得返。于是乃以桃一一掷上，正得二百二颗，陵得而分赐诸弟子各一，陵自食一，留一以待昇。

陵乃以手引昇，众视之，见陵臂加长三二丈，引昇，昇忽然来还，乃以向所留桃与之，昇食桃毕。陵乃临谷上，戏笑而言曰：『赵昇心自正，能投树上，足不蹉跌，吾今欲自试，投下，当应得大桃也。』众人皆谏，唯昇与王长嘿然。陵遂投空，不落桃上，失陵所在。四方皆仰，上则连天，下则无底，往无道路，莫不惊叹悲涕，唯昇、长二人，

张道陵准备用手拉赵昇上来，众人看时，只见张道陵的手臂伸长了两三丈，拉着赵昇，一下子就把他拉回来了，然后把刚才留的那个桃子给了他，赵昇就把桃子吃了。张道陵走到悬崖边，开玩笑说：『赵昇的内心很正，所以能跳到树上，不失足跌倒，我现在也想亲自试一试，要是跳下去，应该能摘到大桃。』众人都劝说他不要跳，只有赵昇和王长两个不说话。张道陵于是跳了出去，但是却没有落在桃树上，也不知道他掉到哪里去了。众人向四面看了看，山顶向上连着天空，向下深不见底，往前走又没有路，就都在那里惊慌痛哭，只有赵昇和王长两个人，默不作声。

过了好久，他俩相互说道：『老师就像父亲，他跳到这深不见底的悬崖下了，我们又怎么能安心地活着呢？』于是也一起跳了下去。他们正好

默然无声。

良久，乃相谓曰：『师则父也，自投于不测之崖，吾何以自安？』乃俱投身而下。正堕陵前，见陵坐局脚床斗帐中。见昇、长二人，笑曰：『吾知汝来。』乃授二人道要，三日乃还。归治旧舍，诸弟子惊悲不息。

后陵与昇、长三人，皆白日冲天而去，众弟子仰视之，久而乃没于云霄也。

初，陵入蜀山，合丹半剂，虽未冲举，已成地仙，故欲化作七试，以度赵昇，乃如其志也。

落在了张道陵的面前，看见张道陵正坐在曲脚床上的斗帐之中。张道陵看到赵昇、王长二人，笑着说：『我就知道你们会来。』于是就传授给了他们二人道法的秘要，三天后才回来。他们回到原来的住处，众弟子看到了，又惊又喜。

后来张道陵和赵昇、王长三个人，都在白天升天走了，众弟子抬头看着他们，好久才见他们消失在天空之中。

一开始的时候，张道陵进入蜀地的山中，配制了半剂丹药服用，虽然没有立即飞升而去，但是已经成了地仙，之所以这样，是因为他想变化七次考验度化赵昇成仙，最终他完成了心愿。

卷伍

神仙传

泰山老父

原

泰山老父者，莫知姓字。汉武帝东巡狩，见老父锄于道旁，头上白光高数尺，怪而问之。老父状如五十许人，面有童子之色，肌肤光华，不与俗同。

帝问有何道术，对曰：『臣年八十五时，衰老垂死，头白齿落，遇有道士，教臣绝谷，但服术饮水，并作神枕。枕中有三十二物，其三十二物中，有二十四物，以当二十四气；八毒，以应八风。臣行之，转老为少，黑发更生，齿落复出，日行三百里。臣今一百八十岁矣！』

帝受其方，赐玉帛。老父后入岱山中，每十年五年时，还乡里，三百余年，乃不复还。

译

泰山老父，没人知道他的姓名。汉武帝去东方巡游狩猎，看到一个老人在路边锄草，头上有几尺高的白光，于是很惊奇地问他。这个老人看上去五十几岁的样子，脸像少年一样红润，肌肤也很有光泽，跟普通人不一样。

汉武帝问他有什么道术，他回答说：『我八十五岁时，衰老得就要死了，头发白了，牙齿也掉完了，偶然碰到一个有道术的人，教我辟谷的方法，辟谷时只服用白术和水，并且做了一个神奇的枕头。枕头里有三十二种东西，在这三十二种东西里头有二十四种对应一年的二十四个节气；另外八种是有毒的药物，对应四季八个季候的风。我按照他教的去做，就返老还童了，黑头发重新长了出来，掉落的牙齿也长了出来，一天能行走三百里路。我现在已经一百八十岁了。』

汉武帝记下了他的方子，赐给他玉器、绸帛等。这个老人后来进入泰山，每十年或五年就回家乡一趟，三百多年后，就没再回来了。

原 译

巫炎

巫炎，字子都，北海人也，汉驸马都尉。

武帝出，见子都于渭桥，其头上郁郁紫气高丈余。帝召问之：『君年几何，所得何术，而有异气乎？』对曰：『臣年已百三十八岁，亦无所得。』帝召东方朔，使相此君，有何道术。朔对曰：『此君有阴道之术。』武帝屏左右而问之。

子都对曰：『臣年六十五时，苦腰痛脚冷，不能自温。口干舌苦，渗涕出，百节四肢疼痛，又痹不能久立。得此道以来，七十三年，今有子二十六人，身体强勇，无所疾患，气力乃如壮时。』

帝曰：『卿不仁，有道而不闻

巫炎，字子都，山东北海人，曾任汉代驸马都尉一职。

汉武帝出巡，在渭桥碰见他，看他头上有一丈多高浓浓的紫气。武帝召他过来问他：『您多大了，得到过什么道术，头上竟然有奇异之气？』巫炎回答说：『我已经一百三十八岁了，也没有学到过什么道术。』武帝把东方朔叫了过来，让他给巫炎相面，看看他有什么人道术。东方朔看完后回道：『这个人会房中术。』武帝就把身边的人支开了再问他。

巫炎对武帝说：『我六十五岁时，得了腰痛腿冷的毛病，身体一直不能回暖。嘴里发干、有苦味，鼻涕也不由自主地往外流，全身关节四肢都疼，又感到身体麻木，不能站立太久。学了这个道术以后，又活了七十三年，现在有二十六个儿子，身体也很强壮，什么病也没有，还跟年轻时一样有力气。』

汉武帝说：『您不够仁义啊，有这样的道术却不

于朕，非忠臣也。』子都对曰：『臣诚知此道为真，然阴阳之事，宫中之利，臣子之所难言。又行之皆逆人情，能为之者少，故不敢以闻。』帝曰：『勿谢，戏君耳。』遂受其法。

子都年二百余岁，服饵水银，白日升天。

武帝颇行其法，不能尽用之，然得寿最长于先帝也。

告诉我，看来不是个忠臣啊。』巫炎回道：『我心中知道这个道术是有效的，但是男女之间的事，对皇宫里来说关系非同小可，这是我无法告知您的原因。而且，施行这个有违世间道德伦理，能做到的很少，所以不敢跟您说。』汉武帝说：『不用解释道歉，我跟您说着玩的。』于是就学了他的方法。

巫炎到二百岁的时候，服食水银，在白天飞升上天了。

汉武帝也经常用他的方法，只是无法完全按他说的去做，但是寿命和之前的几位皇帝比是最长的。

刘凭

原 译

刘凭者，沛人也，有军功，封寿光金乡侯。

学道于稷丘子，常服石桂英及中岳石硫黄，年三百余岁而有少容，尤长于禁气。

尝到长安，诸贾人闻凭有道，乃往拜见之，乞得侍从，求见佑护。凭曰：『可耳。』又有百余人，随凭行，并有杂货约直万金。

乃于山中逢贼，数百人拔刃张弓，四合围之。凭语贼曰：『汝辈作人，当念温良，若不能展才布德，居官食禄，当勤身苦体，夫何有腼面目，豺狼其心，相教贼道，危人利己，此是伏尸都市，肉飨鸟鸢之法，汝等弓箭，当何所用？』

刘凭是沛地人，他曾经立过战功，被封为寿光金乡侯。

刘凭跟稷丘子学过道术，经常服用石英和嵩山上采的硫黄，已经三百多岁了，但看起来还像年轻人一样，他特别擅长禁气术。

刘凭曾去长安，长安的商人们听说刘凭有道术，就去拜见他，请求跟着他一起走，这样就能被他保护。刘凭说：『可以。』这样大约有一百多人，就跟着刘凭一起出发了，还带着各种杂货大约值万两黄金。

他们在山中碰到了强盗，几百个人拿着刀拉着弓箭，把他们四面围住。刘凭对强盗们说：『你们为人应当友善，即使不能施展才能，当官吃国家俸禄，也应该辛勤劳作，如何有颜面相互教做贼呢，心像豺狼一样凶残，危害别人，让自己获利，这在城里是要被砍头，尸体被老鹰吃掉的下场啊，你们的弓箭，是用来做这个的吗？』

强盗们不听，向众人射箭，箭却反射到了他们自己身上。一会儿工夫，刮起的大风把树木都吹断了，大地飞起

于是贼射诸客，箭皆反着其身。须臾之间，大风折木，飞沙扬尘。凭大呼曰：『小物辈敢尔，天兵从头刺杀先造意者。』凭言绝，而众兵一时顿地，反手背上，不能复动，张口短气欲死。其中首帅三人，即鼻中出血，头裂而死。余者或能语，曰：『乞放余生，改恶为善。』于是诸客或斫杀者，凭禁止之。

沙尘。刘凭大喊道：『小子们敢这样，天兵快把授意的头领杀了。』刘凭说完，强盗们一下都摔倒在地上，两手被反绑在后背，不能动弹，都张着嘴巴喘着粗气，一副要死的样子。其中领头的三个人当即鼻子流血，头颅裂开死掉了。剩下的人里还有能说话的，就说道：『请您放过我们，下半辈子一定改恶从善。』众人要把这些强盗都砍死，被刘凭制止了。

刘凭责骂强盗们说：『本来想把你们都杀了，但是于心不忍，现在饶了你们，以后还敢做贼吗？』强盗们都请

原 译

乃责之曰：『本拟尽杀汝，犹复不忍，今赦汝，犹敢为贼乎？』皆乞命曰：『便当易行，不敢复尔。』凭乃敕天兵赦之，遂各能奔走去。

尝有居人妻，病邪魅，累年不愈。凭乃敕之，其家宅傍有泉水，水自竭，中有一蛟，枯死。

又有古庙，庙间有树，树上常有光。人止其下，多遇暴死，禽鸟不敢巢其枝。凭乃敕之，盛夏树便枯死，有大蛇长七八丈，悬其间而死，后不复为患。

凭有姑子，与人争地，俱在太守座。姑子少党而敌家多亲，助为之言者，四五十人。凭反复良久，忽然大怒曰：『汝辈敢尔。』应声

求活命，说：『一定换别的事做，不敢再做贼了。』刘凭就下令天兵把他们放了，那些强盗就各自逃跑了。

刘凭曾经住在一户人家，他的妻子被鬼邪所伤而得病，好几年了都不好。刘凭发了道敕令，那人家屋旁有座泉水，敕令一下，水就自动干枯了，泉水中有一条蛟龙，也枯死了。

又有一间古庙，庙里面有一棵树，树上经常发光。人要是在树下面停留，经常突然就死了，飞鸟都不敢在树枝上做窝。刘凭发了一道敕令，大夏天树就枯死了，有一条大蛇长七八丈，挂在树上也死了，后来再也没出过事。

刘凭有个姑姑的儿子，跟别人发生土地纠纷，一起来找太守打官司。他姑姑的儿子亲友少而对方亲友多，为对方说话的有四五十人。刘凭跟他们反复辩论，说了很长时间，忽然发火了，说：『你们怎么敢这样。』刚说完就电闪雷鸣，有红光把屋子里照得通亮。对方那些人，一下子都瘫痪在地，什么也不知道了。太守十分害怕，替他们磕头道歉，说：『请您不要生气发威，我会为你们公平审理，

有雷电霹雳，赤光照耀满屋。于是敌人之党，一时顿地，无所复知。太守甚怖，为之跪谢，曰：『愿君侯少宽威灵，当为理断，终不使差失。』日移数丈，诸人乃能起。

汉孝武帝闻之，诏征而试之曰：『殿下有怪，辄有数十人，绛衣披发，持烛相随走马，可效否？』凭曰：『此小鬼耳。』至夜，帝伪令人作之。凭于殿上，以符掷之，皆面抢地。以火淬口，无气。帝大惊曰：『非此鬼也，朕以相试耳。』乃解之。

后入太白山中，数十年，复归乡里，颜色更少。

肯定不会有差错的。』等太阳在天空中走了几丈远，那些人才能起身。

汉武帝听说了，就下令把他请来想试试他，对他说：『我的宫殿下面有妖怪，大概有几十个，穿着大红的衣服，披着头发，手里拿着蜡烛一个跟着一个，像走马灯似的，您的法术对他们有效吗？』刘凭说：『这都是些小鬼罢了。』到夜里，武帝叫人假扮成那样子。刘凭在大殿上，拿符向那些人扔过去，那些人都向前倒下，以脸抢地。宫里的人赶紧用火把来探他们的口，都没有了呼吸。武帝大吃一惊，说：『这些不是鬼，是我让他们来试试您的。』于是刘凭就把符都解了。

刘凭后来进入太白山里，几十年后，又回到家乡，容貌却变得更加年轻了。

栾巴

原 译

栾巴者，蜀郡成都人也，少而好道，不修俗事。

时太守躬诣巴，请屈为功曹，待以师友之礼。巴陵太守曰：『闻功曹有道，宁可试见一奇乎。』巴曰：『唯。』即平坐，却入壁中去，冉冉如云气之状，须臾，失巴所在。壁外人，见化成一虎，人并惊，虎径还功曹舍。人往视虎，虎乃巴成也。

后举孝廉，除郎中，迁豫章太守。

栾巴是蜀郡成都人，他年轻时就喜欢道术，不喜欢做俗世的工作。

当时的太守亲自去拜见栾巴，请他委屈一下做个功曹，并把他当老师和朋友一样对待。巴陵太守说：『听说您有道术，能不能让我见识一下这种奇妙之术。』栾巴说：『好。』就平身正坐下去，却渐渐退入墙壁中，身体像云雾一样，一会儿工夫，他就消失了。墙壁外的人，看到栾巴变化成一头老虎，众人都很吃惊，那老虎径自返回了功曹的住处。人们跟过去看老虎，发现老虎是栾巴变的。

栾巴后来被举为孝廉，封为郎中，升迁为豫章的太守。

原

庐山庙有神，能于帐中共外人语，饮酒，空中投杯，人往乞福。能使江湖之中，分风举帆，行各相逢。巴至郡，往庙中，便失神所在。巴曰：『庙鬼诈为天官，损百姓日久，罪当治之。以事付功曹，巴自行捕逐，若不时讨，恐其后游行天下，所在血食，枉病良民，责以重祷。』乃下所在，推问山川社稷，求鬼踪迹。

此鬼于是走至齐郡，化为书生，善谈五经，太守即以女妻之。巴知其所在，上表请解郡守往捕。其鬼不出，巴谓太守：『贤婿非人也，

译

庐山的庙里有个神，能在帐子里和外面的人说话，和人喝酒时，把酒杯抛到空中而不掉落，人们都去求他保佑。

他能在同一条江或同一个湖里，吹不同方向的风，并让船同时扬帆，相对而行。栾巴来到豫章郡后，到庙里时那个神就不见了。栾巴说：『庙里的妖怪谎称自己是天上仙官，祸害老百姓太久了，应当治它的罪。我把公事都交给功曹处理，我要亲自去捕捉那个妖怪，若不及时把它抓到，恐怕它以后在天下四处游走，贪图各地的祭祀供养，让老百姓无故生病遭灾，再怪罪他们，让他们花费重金来向他祈祷。』于是栾巴就离开豫章郡，去各地向山川和土地们打听查找那个妖怪的踪迹。

这个妖怪于是逃到了齐郡，变成一个书生，善于谈论五经，齐郡太守就把女儿嫁给了他。栾巴知道妖怪在

是老鬼，诈为庙神，今走至此，故来取之。』

太守召之，不出。巴曰：『出之甚易，请太守笔砚奏案。』巴乃作符，符成，长啸空中，忽有人将符去，亦不见人形，一坐皆惊。

符至，书生向妇涕泣曰：『去必死矣。』须臾，书生自赍符来。至庭，见巴，不敢前。巴叱曰：『老鬼，何不复尔形！』应声即便为一狸，叩头乞活。巴敕杀之，皆见空中刀下，狸头堕地。太守女已生一儿，复化为狸，亦杀之。

这里后，上了一封奏章向太守说明情况，并请他出兵去捉拿。那妖怪躲在家里不出来，栾巴对太守说：『您的女婿不是人类，是一个老妖怪，曾伪装成庙神，现在逃到这里，所以我才过来捉拿他。』

太守召唤他的女婿，他也不出来。栾巴说：『让他出来很容易，请太守给我笔墨纸砚和奏案。』于是栾巴开始画符，符画好，他向空中大叫了一声，忽然就有人来把符拿走了，也看不到那人的样子，在座的人都很吃惊。

符被送到书生那里，那个书生哭泣着对他的妻子说：『我出去必定会死的。』一会儿工夫，书生自己拿着符出来了。来到院子里，看到栾巴，不敢走上前。栾巴呵斥他道：『老妖怪，还不变回你的原形！』话音刚落书生就变成了一只狸猫，向栾巴磕头求活命。栾巴下

原译

巴去，还豫章，郡多鬼，又多独足鬼，为百姓病。巴到后，更无此患，妖邪一时消灭。

后征为尚书郎，正旦大会，巴后到，有酒容。赐百官酒，又不饮，而西南向噀之。有司奏巴不敬，诏问巴，巴曰：『臣乡里，以臣能治鬼护病，生为臣立庙。今旦有耆老，皆来臣庙中享臣，不能早委之，是以有酒容。臣适见成都市上火，臣故漱酒为尔救之，非敢不敬，当请诏问，虚，诏抵罪。』乃发驿书，问成都。已奏言：正旦食后失火，须臾，有大雨三阵，从东北来，火

令把它杀了，众人就看到空中有一把刀落下来，狸猫的头就掉在了地上。太守的女儿已经生了一个儿子，也变成了狸猫，栾巴也把他杀了。

栾巴离开齐郡，回到豫章郡，当时郡里有很多鬼怪，其中还有很多一只脚的鬼，给老百姓带来很多灾病。栾巴回来后，就再也没有这些祸患了，各种妖魔鬼怪都被他消灭了。

栾巴后来被任命为尚书郎，正月初一皇帝举行新年大会，栾巴来晚了，而且像喝过酒的样子。皇帝赐给百官的酒，他也不喝，却对着西南方向喷了一口。掌管礼仪的官员向皇帝参奏说他有大不敬之罪，皇帝下诏问他，栾巴说：『我家乡的人，因为知道我能捉鬼治病，就给我立了座生人庙。今天早晨，当地德高望重的老人都来庙里向我上供，我不能把他们早早就丢下，就陪他们喝

乃止。雨著人，皆作酒气。

后一旦，忽大风雨，天地晦冥，对坐不相见。因失巴所在，寻问，巴还成都，与亲故别，称不更还，老幼皆于庙中送之云。去时，亦风雨晦冥，莫知去处也。

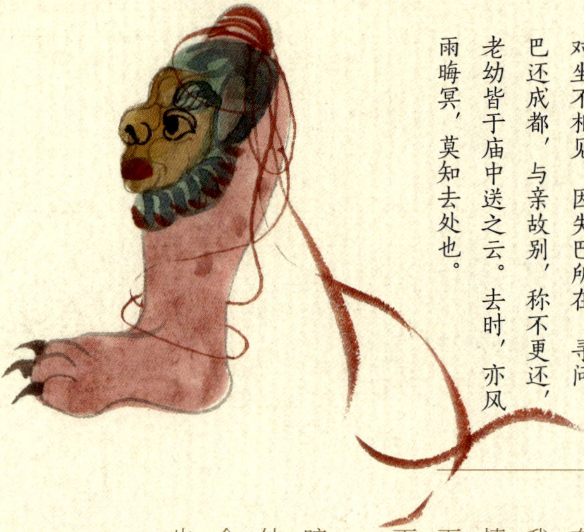

了点酒，所以才有喝过酒的样子。我刚才是看到成都市集上起火了，所以我才将口中的酒喷出去救火，并非敢有不敬，请您下诏去问一下，如果情况不实，可以再定我的罪。』于是皇帝让驿站发了封信，询问成都那边的情况。那边回复道：正月初一饭后失火了，一会儿工夫下了三阵大雨，都是从东北方向过来的，火就被浇灭了。雨落到人身上时，有一股酒味。

后来有一天早晨，忽然刮大风下大雨，天地一片昏暗，人坐在对面都看不见。栾巴就消失不见了，人们四处打听，听说他回到了成都，与亲朋好友告别，说是不会回来了，男女老少都去庙里为他送行。他走的时候，也是刮风下雨，天地昏暗，没人知道他去了哪里。

壶公

原 译

壶公者，不知其姓名也，今世所有召军符、召鬼神治病玉斧符，凡二十余卷，皆出自公，故总名壶公符。

时汝南有费长房者，为市掾。忽见公从远方来，入市卖药，人莫识之。卖药口不二价，治病皆愈，语买人曰，服此药，必吐某物，某日当愈，事无不效。其钱日收数万，便施与市中贫乏饥冻者，唯留三五十。常悬一空壶于屋上，日入之后，公跳入壶中，人莫能见，唯长房楼上见之，知非常人也。

长房乃日日自扫公座前地，及供馔物，公受而不辞。如此积

壶公，没人知道他的姓名，现在流传的召军符、召鬼神为人治病的玉斧符，共有二十多卷，都出自他，所以都被称作壶公符。

当时汝南有个叫费长房的人，是管理集市的小官吏。有一天忽然看到壶公从远方来，在市场里卖药，别人都不认识他。壶公卖药不接受还价，但给人治病都能好，他经常对买药的人说，吃了这个药，一定会吐出某个东西来，到某一天就好了，事情都按他说的一一应验。他一天卖药收入好几万钱，把钱都送给市里那些贫困挨饿受冻的人，自己只留三五十。他常常在屋檐下悬挂一个空壶，太阳落山后，他就跳进壶里，别人都看不见，只有费长房在楼上看见了，便知道他不是一般人。

费长房就天天给壶公打扫座位前的地面，还供给他吃喝的东西，壶公也不拒绝，都接受了。这样过了很长一段时间，长房还是坚持这么做，也不敢对壶公提什么

久，长房尤不懈，亦不敢有所求。公知长房笃信，谓房曰：『至暮无人时，更来。』长房如其言，即往。公语房曰：『见我跳入壶中时，卿便可效我跳，自当得入。』长房依言，果不觉已入。

入后不复是壶，唯见仙宫世界：楼观重门阁道，宫左右侍者数十人。公语房曰：『我仙人也，昔处天曹，以公事不勤见责，因谪人间耳。卿可教，故得见我。』长房下座顿首曰：『肉人无知积罪，却厚幸，谬见哀悯，犹入剖棺布气，生枯起朽，但恐臭秽顽

要求。壶公知道长房对自己忠实无疑，就对他说：『你到傍晚没人的时候，再过来。』长房按他所说，到时来了。壶公对长房说：『你看我跳到壶里时，你也学我跳，自然就能进去。』长房按他的话做，果然不觉就进去了。

进去后就不是在壶里了，只看到仙宫里才有的世界：高楼房屋一个门接着一个门，阁道一条连着一条，宫殿前左右各站立几十个侍者。壶公对长房说：『我是仙人，以前在天宫做官，因为处理公事不勤快而被责罚，所以才被贬下人间。你是个可教授的人，所以才能见到我。』费长房赶紧离座磕头说：『我是个无知有罪的肉眼凡胎，却十分幸运，蒙您错爱，您就像打开棺材给我布气，让就要枯朽的我再次活了过来，只怕我又臭又脏，愚笨不开窍，接受不了您的教导。要是能得到您的哀怜，实在是我这辈子最大的幸运啊。』壶公对他说：『我看

弊，不任驱使。若见哀怜，百生之厚幸也。』公曰：『审尔大佳，勿语人也。』

公后诣长房于楼上曰：『我有少酒，相就饮之。』酒在楼下，长房使人取之，不能举盎，至数十人，莫能得上，乃白公，公乃下，以一指提上，与房共饮之。酒器如拳许大，饮之，至暮不竭。告长房曰：『我某日当去，卿能去乎？』房曰：『欲去之心，不可复言，欲使亲眷不觉知去，当有何计？』公曰：『易耳。』乃取一青竹杖与房，戒之曰：『卿以

你很不错，这件事不要告诉别人。』

壶公后来去楼上见长房，对他说：『我有点酒，一起喝吧。』酒放在楼下，长房让人去拿，却拿不起酒壶，几十个人一起拿，也提不起来，于是就去告诉壶公，壶公下去，用一个手指就提上来了，就跟长房一起喝酒。

他的酒壶只有拳头大小，但一直喝着，竟然喝到晚上酒也没喝完。壶公对长房说：『我某一天要走，你能一起走吗？』长房说：『心里早就想跟您走了，这都不需要再说了，但是不想让家人亲属知道我离家了，能有什么好办法吗？』壶公说：『这个容易。』于是拿了一根青竹竿给长房，嘱咐他说：『你带着这根竹竿回家，然后就说自己生病了，把竹竿放到你睡觉的地方，再悄悄地回来。』长房就按他所说的做了。长房离开后，家里人看到长房已经死了，尸体躺在床上，就痛哭着把他

原 译

竹归家，便可称病，以此竹杖置卿所卧处，默然便来。』房如公言。去后，家人见房已死，尸在床，乃哭泣葬之。

房诣公，恍惚不知何所。公乃留房于群虎中，虎磨牙张口，欲噬房，房不惧。明日，又内于石室中，头上有一方石，广数丈，以茅绹悬之，又诸蛇来啮绳，绳即欲断，而长房自若。公至，抚之曰：『子可教矣。』

又令长房啖屎兼蛆，长寸许，异常臭恶。房难之，公乃叹谢，遣之曰：『子不得仙道也，赐子

埋葬了。

长房来见壶公，迷迷糊糊不知道在什么地方。壶公就把长房留在一群老虎中间，那群老虎张嘴龇牙，要咬他，但长房一点儿也不害怕。第二天，又把他带到一座石洞里，在他头顶有一块方形的大石头，长宽有几丈，用茅草做的绳子吊着，又来了很多蛇咬那根绳子，绳子就要断的样子，但长房却若无其事毫不在意。壶公来看他，拍着他的肩膀说：『你真是可造之才。』

壶公又让长房吃屎和蛆虫，那些蛆有几寸长，非常恶臭难闻。长房很为难，壶公就叹了口气没勉强他，打发他走了，并对他说：『你不能成仙得道，但可以教你做地上的主宰，能长寿到几百岁。』就传了一卷封好的符交给他说：『带着这个就可以主宰鬼神了，平常把他们召唤出来派出去，就可以治病消灾。』长房担心不能

为地上主者，可得寿数百岁。』为传封符一卷，付之曰：『带此可主诸鬼神，常称使者，可以治病消灾。』房忧不得到家，公以一竹杖与之，曰：『但骑此，得到家耳。』房骑竹杖辞去，忽如睡觉，已到家。家人谓是鬼，具述前事，乃发棺视之，唯一竹杖，方信之。

回家，壶公拿一根竹竿给他，对他说：『只要骑着这个，就能到家。』长房就骑上竹竿告辞走了，忽然他像睡着了似的，醒来已经到家了。家里人都说他是鬼，他就把之前发生的事详细讲了一遍，于是家人把棺材打开验看，只看到一根竹竿在里面，这才相信他说的话。

费长房把骑过的竹竿，丢到竹林中，丢完一看，却是一条青龙。

他从离家到回来，觉得是一天的时间，但是问家里人，说是已经过了一年了。费长房就用符来捉拿妖怪，也给人治病，没有不痊愈的。他有时跟人坐在一起说话，常常会突然生气斥骂，别人问他原因，他就说：『我正对鬼发怒呢。』

当时的汝南郡里有鬼怪出没，一年来郡里好几次。那鬼怪来的时候，跟着的骑行队伍像太守的排场一样，

房所骑竹杖，弃葛陂中，视之，乃青龙耳。

初去至归，谓一日，推问家人，已一年矣。房乃行符收鬼，治病无不愈者。每与人同坐共语，常呵责嗔怒，问其故，曰：『嗔鬼耳。』

时汝南有鬼怪，岁辄数来郡中。来时，从骑如太守，入府打鼓，周行内外，尔乃还去，甚以为患。房因诣府厅事，正值此鬼来到府门前。府君驰入，独留房。鬼知之，不敢前。房大叫呼曰：『便捉前鬼来。』乃下车伏庭前叩头乞曰：『改过。』房呵之曰：『汝死老鬼，

到郡府内还要敲打锣鼓，大摇大摆地到府里走一趟，然后才回去，郡人都觉得是个祸害。费长房去郡府的大堂，正好碰到这个妖怪来到府门前。府君吓得躲到后屋，只剩下长房在那里，妖怪知道了，就不敢近前。费长房大声喊道：『把前面那个鬼给我抓来。』那个妖怪就下车趴在院子门口，磕头求饶说：『我一定改过。』长房呵斥他说：『你个老死鬼，不心存良善，无缘无故带这么多随从来，冒犯官府，你自己知道是死罪吗？还不赶快现出原形。』那妖怪一会儿工夫就变成了一只大鳖，圆滚滚像个车轮一样，头有一丈多长，长房又让他变回人的样子。长房拿一沓符给他，命令他去送给葛陂君。那个妖怪磕头流泪，拿着符走了。长房让人跟在它后面，就看见那些符被

不念温良，无故导从，唐突官府，自知合死否？急复真形。』鬼须臾成大鳖，如车轮，头长丈余，房又令复人形。房以一札符付之，令送与葛陂君。鬼叩头流涕，持札去。使人追视之，乃见符札立陂边，鬼以头绕树而死。

房后到东海，东海大旱三年，谓请雨者曰：『东海神君，前来淫葛陂夫人，吾系之辞状，不测脱然忘之，遂致久旱。吾今当赦之，令其行雨，即便有大雨。』

房有神术，能缩地脉千里，存在目前宛然，放之，复舒如旧也。

挂在河岸边，妖怪的头吊在树上死了。

费长房后来去东海，当时东海遭遇了三年大旱，他对求雨的人说：『东海神君，之前要来和葛陂夫人行淫事，我录了他的口供后就把他关了起来，没想到不经意就把这事给忘了，所以才导致大旱这么久。我现在就放了他，命令他下雨，就会有大雨了。』

费长房还有神奇的道术，他能让几千里的山脉收缩起来，这样几千里外的山峰就呈现在眼前，看得清清楚楚，他再把山峰放回去，山脉就舒展成原来的样子。

蓟子训

原 译

蓟子训者，齐人也，少尝仕州郡，举孝廉，除郎中。又从军除驸马都尉，人莫知其有道。

在乡里时，唯行信让，与人从事，如此三百余年，颜色不老，人怪之。好事者，追随之，不见其所常服药物也。性好清澹，常闲居读《易》。少小作文，皆有意义。

见比屋抱婴儿，子训求抱之，失手，堕地，儿即死。邻家素尊敬子训，不敢有悲哀之色，乃埋瘗之。后二十余日，子训枉问之曰：『复思儿否？』邻曰：『小儿相命，应不合成人，死已积日，不能复思也。』子训因出外抱儿

蓟子训是齐地人，他年轻时曾在州郡做过官，后被举荐为孝廉，授予郎中。后来又参军做了驸马都尉，别人都不知道他有道术。

蓟子训在家乡的时候，与人共事，都很诚实守信，谦让有礼，这样过了三百多年，容貌也没有变老，人们都感到奇怪。有好奇的人，就追随他左右，也没看见他平常吃什么药。他清心寡欲，有空时常在家读《周易》。他青少年时写的文章，往往都很有意义。

一次蓟子训看到邻居正抱着婴儿，也要求抱一下，没想到一不小心失手了，婴儿掉到地上摔死了。邻居一向很尊敬子训，不敢流露出悲伤的表情，就把婴儿埋葬了。后来过了二十多天，子训平静地问邻居：『还在想念孩子吗？』邻居说：『我儿命中注定，不能够长大成人，已经死了好几天了，不再想念了。』子训就出去抱来婴儿还给他家，他家说是个死孩子，不敢要。子训说：『你抱去，不要再痛苦了，就是你原来的孩子。』婴儿

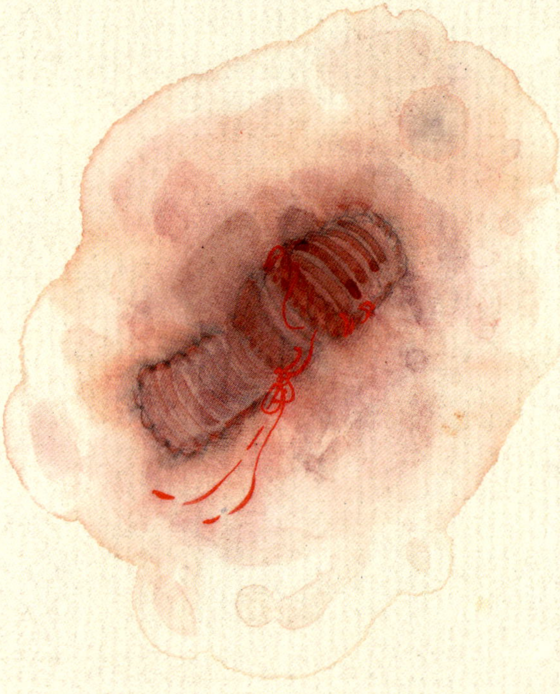

原译

还其家，其家谓是死，不敢受。子训曰：『但取之，无苦，是汝本儿也。』儿识其母，见而欣笑，欲母取抱之，犹疑不信。子训既去，夫妇共往视所埋儿，棺中唯有一泥儿，长六七寸，此儿遂得长成。

诸老人须发毕白者，子训但与之对坐共语，宿昔之中，明旦皆黑矣。京师贵人闻之，莫不虚心渴见，无缘致之。

有年少，与子训邻居，为太学生。诸贵人作计，共呼太学生，谓之曰：『子勤苦读书，欲规富贵，但召得子训来，使汝可不劳而得矣。』生许诺，便归，事子训洒扫，供侍左右。数百日，子训知意，

认得母亲，看到了母亲后就欢笑起来，想要母亲来抱他，但是他母亲还是不敢相信。子训走了后，邻居夫妇两个一起去看埋孩子的地方，看到棺材里只有一个泥巴做的婴儿，有六七寸长，那个孩子后来长大成人了。

有老人须发全都白了，子训只是跟他们坐在一起说说话，过了一夜，到第二天早晨那些老人的头发就全都变黑了。京师里的那些达官贵人们听说了，都一心渴望能见到他，只是没有机会。

有个年轻人，跟蓟子训家是邻居，是个太学生。那些达官贵人们合计了一下，把他叫了过去，对他说：『你这么辛苦读书，也不过是想要富贵，你现在只要能把蓟子训请来，我们就能让你不劳而获。』这个书生一口就答应了下来，马上就回去了，他每天去给子训家做洒水扫地的事，在他身边服侍他。这样过了几百天，子训知道了他的心意，就对他说：『你要不是想学道，怎么能这样做呢？』书生还想隐瞒。子训说：『你为什么不说

谓生曰：『卿非学道，焉能如此？』生尚讳之。子训曰：『汝何不以实对？妄为虚饰。吾已具知卿意，诸贵人欲见我，我岂以一行之劳，而使卿不获荣位乎？汝可还京，吾某日当往。』生甚喜，辞至京，与贵人具说某日子训当到。

至期未发，生父母来诣子训，子训曰：『汝恐吾忘，使汝儿失信不仕邪？吾今食后即发。』半日乃行二千里。既至，生急往拜迎，子训尚问谁欲见我。生曰：『欲见先生者甚多，不敢枉屈，但知先生所至，当自来也。』子训曰：『吾千里不倦，岂惜寸步乎？欲见者语之，令各绝宾客，吾明日

实话？还想说谎掩饰。我已经知道了你的心意，那些贵人们想见我，我怎么能不走一趟而让你失去做官发达的机会？你可以回京城了，我某一天一定会去的。』书生十分高兴，就告辞回到京城，跟达官贵人们说蓟子训某一天一定会到来。

到那一天，子训还没动身，书生的父母就来拜见子训，子训说：『你们怕我忘了，让你们的儿子失了信用而不能当官吗？我今天饭后就出发。』只用了半天，他就走了两千里路。来到京城后，书生急忙来磕头迎接，子训就问都有谁想见他。书生说：『想见先生您的人太多了，不敢让您屈尊过去，只要他们知道您来了，就会自己过来找您。』子训说：『我走了上千里的路都不累，还在乎多走两步路吗？你告诉那些想见我的人，让他们谢绝别的客人，我明天就一一去他们家。』书生把子训的话，告诉了各位贵人，于是那些达官贵人们都谢绝了客人，把宅院打扫干净。到了第二天约定的时间，子训

原 译

当各诣宅。』生如言，告诸贵人，各自绝客洒扫。至时，子训果来，凡二十三家，各有一子训。诸朝士各谓子训先到其家，明朝至朝，各问子训何时到宅，二十三人所见皆同时，所服饰颜貌，无异，唯所言话，随主人意答，乃不同也。

京师大惊异，其神变如此。诸贵人并欲诣子训，子训谓生曰：『诸贵人谓我重瞳八彩，故欲见我，今见我矣，我亦无所能论道，吾去矣。』适出门，诸贵人冠盖塞路而来。生具言适去矣，东陌上乘骡者是也。各走马逐之，不及，如此半日，相去常一里许，终不能及，遂各罢还。

果然来了，一共有二十三家，每家都有一个子训。各个朝廷大臣都说蓟子训是最先到他家的，第二天上朝，他们相互打听子训什么时候到对方家的，发现他们二十三家都是在同样的时间见到子训，并且他穿的衣服、长的样子都一模一样，只是说的话，随着主人的提问回答而不一样。

整个京师都被他这样的神通变化震惊了。那些贵人们想一起去拜见子训，子训对书生说：『那些人说我眼睛有两个瞳仁，眉毛有八种颜色，所以才想见我，现在他们都看到我了，我却没碰到能与之讲道的人，我走了。』刚出门，贵人们的车马冠盖就都来了，把道路挤得水泄不通。书生说他刚走，东边小路上骑骡子的就是。贵人们骑马来追，但都追不上，这样追了半天，离他总是有一里路的样子，最后还是没追到他，只好各自回去了。

蓟子训到陈公家对他说：『我明天中午时会离去。』陈公问：『去的地方远不远？』他说：『再也不回来了。』

子训至陈公家言曰：『吾明日中时当去。』陈公问：『远近行乎？』曰：『不复更还也。』陈公以葛布单衣一，送之。至时，子训乃死，尸僵，手足交胸上，不可得伸，状如屈铁。尸作五香之芳气，达于巷陌，其气甚异。乃殡之棺中，未得出，棺中翕然作雷霆之音，光照宅宇，坐人顿伏。良久，视其棺盖，乃分裂飞于空中，棺中无人，但遗一只履而已。须臾，闻陌上有人马箫鼓之声，径东而去，乃不复见。

子训去后，陌上数十里，芳香百余日不歇也。

陈公就把一件葛布外衣送给了他。到第二天的时候，蓟子训忽然死了，尸体变得很僵硬，手脚都缩在胸前，不能伸展开，像弯起来的铁棍一样。他的尸体发出五种芳香的气味，弥漫在整个巷子里，那香味十分特别。陈公于是把他放进棺材里，棺材还未抬出就听到里面隐隐有打雷的声音，同时一道强光照亮整个屋子，那些坐着的人一下被吓倒在地。过了很久，看到他的棺材盖四散裂开，飞到空中，棺材中也空无一人，只剩下一只鞋而已。又过了一会儿，就听到野外的路上有大队人马演奏鼓乐的声音，一路向东方走去，后来再也没人见过子训了。

子训离开后，几十里的路上，那芳香的气味过了一百多天都没有散去。

卷陆

神仙传

原 译

李少君

李少君者，齐人也。汉武帝招募方士，少君于安期先生得神丹炉火之方，家贫，不能办药，谓弟子曰：『老将至矣，而财不足，虽躬耕力作，不足以致办，今天子好道，欲往见之，求为合药，可得恣意。』

乃以方上帝，云：『丹砂可成黄金，金成，服之升仙。臣常游海上，见安期先生食枣，大如瓜。』天子甚尊敬之，赐遗无数。

少君尝与武安侯饮食，座中有一老人，年九十余，少君问其名，乃言曾与老人祖父游，夜见小儿从其祖父，吾故识之，时一座尽惊。

又少君见武帝有故铜器，因

李少君是齐地人。汉武帝招募方士时，李少君在安期先生那里得到了神丹的配方以及炼制的火候方法等，但是他家里贫困，买不起药炼丹，就对弟子们说：『我就要老了，现在钱财不足，即使自身勤奋地耕田种地，也凑不够买药的钱，现在天子喜欢道术，我想去见他，求他给我买药的钱，这样就能随意购买了。』

于是李少君把炼丹的方子献给了汉武帝，对他说：『朱砂可以炼成黄金，黄金炼成，吃了就可以成仙。我经常去海上出游，看见安期先生吃枣，那枣比瓜还大。』武帝十分尊敬他，赐给了他无数的金钱。

李少君曾经和武安侯田蚡一起吃饭，在座有一位老人，九十多岁了，李少君问他姓名后，说曾经跟老人的祖父在一起游玩过，晚上看到一个小孩跟着他祖父，所以才认得他，当时在座的人都吃了一惊。

又有一次李少君看见汉武帝那有个旧的铜器，就认出来了，说：『齐桓公经常把它放在床头。』武帝听他

原　译

识之曰：『齐桓公常陈此器于寝座。』帝闻言，观其刻字，果齐之故器也，因知少君是数百岁人矣，视之，如五十许人，面色肌肤，甚有光泽，口齿如童子。

王公贵人闻其能令人不死，莫不仰慕，所遗金钱山积。少君乃密作神丹，丹成，谓帝曰：『陛下不能绝骄奢，遣声色，杀伐不止，喜怒不胜，万里有不归之魂，市曹有流血之刑，神丹大道，未可得成。』乃以少药方与帝，少君便称疾。是夜帝梦与少君俱上嵩高山，半道，有使者，乘龙持节，云中来言：『太乙请少君。』帝遂觉，即使人问少君消息，且告

这么说，就察看上面所刻的字，果然是以前齐国的东西，因此知道李少君至少是几百岁的人了，但是看上去，他就像五十几岁的人，皮肤和脸色都十分有光泽，说话的声音也像少年一样。

王公大臣们听说李少君能让人长生不死，都十分仰慕，送给他的金钱堆积成山。李少君于是开始秘密炼制丹药，丹药炼成，他对武帝说：『陛下您不能断绝奢侈的生活，放弃歌舞美色的享乐，对外不停发动战争，情绪易激动，喜怒不能自制，万里之外的战场上有回不来的冤魂，街市之中有被刑罚杀戮的人，神丹大道，您恐怕得不到了。』于是李少君就把部分药方给武帝，然后就自称得病了。当天晚上，汉武帝梦见跟李少君一起登嵩山，半路上，有个使者，跨着龙，手里拿着符节，从云中飞来说道：『太乙天神让我来邀请李少君。』武帝立刻就醒了，马上就派人去打探李少君的消息，并且对身边的侍臣说：『我昨晚做梦，李少君离我而去了。』

近臣曰：『朕昨梦，少君舍朕去。』少君乃病困，帝往视之，并使人受其方事，未竟而卒。帝曰：『少君不死，故化去耳。』及敛，忽失尸所在，中表衣悉不解，如蝉蜕也。帝犹增叹恨，求少君不勤也。

初少君与朝议郎董仲躬相亲爱，仲躬宿有疾，体枯气少，少君乃与其成药二剂，并其方用戊巳之草后土脂黄精根，兽沈肪先莠之根，百卉花醷，亥月上旬，合煎铜器中。使童子沐浴洁净，调其汤火，使合成鸡子三枚为程。服尽一剂，身体便轻；服三剂，齿落更生；五剂，年寿长而不复倾。仲躬为人刚直，博学五经，

李少君得了重病，汉武帝去看望他，并且让人来把他的方子都接收了，但是方子还没抄完他就死了。武帝说：『李少君是不会死的，他肯定是借故变化走了。』等到为他殓尸时却忽然找不到尸体了，他里外的衣服都没有解开，像蝉脱壳走了一样。武帝更加叹息不已，悔恨之前没有向李少君多多请教。

开始的时候，李少君跟朝议郎董仲躬十分要好，仲躬长期有病，身体消瘦，没有力气，少君就给了他两剂配好的药，并对他说用这个药和戊巳之草（就是肥厚的土里挖出的黄精根），把其中朽坏的根去掉，再加上百花醷造的蜂蜜，在十月上旬一起放到铜器里煎煮。再找两个童子，先让他们洗浴干净，再去调控药汤的火候，把药熬炼成三个鸡蛋大小的药丸就行了。这个药吃一剂，身体就会感觉轻快；吃三剂，牙齿就会掉落并重新长出新牙；吃五剂，就会健康长寿而不会再得病。仲躬为人刚正不阿，精通儒家经典，但是不懂道术，还经常嘲笑

原 译

然不达道术，笑世人服药学道。频上书谏武帝，以为人生有命，衰老有常，非道术所能延。意虽见其有异，将为天性，非术所致。得药，竟不服，又不问其方。

少君去后数月，仲躬病甚，常闻武帝说前梦，恨惜少君。仲躬耕忆少君所留药，试服之，未半，乃身体轻壮，其病顿愈。服尽，气力如年少时，乃信有长生不死之道，解官，行求道士问其方，竟不能悉晓。

仲躬唯得发不白，形容盛甚，年八十余乃死，嘱其子道生曰：『我少得少君方药，初不信，事后得力，无能解之，怀恨于黄泉矣。

世人服食丹药学道等。他曾一再上书劝谏汉武帝，认为人的生命是有限的，衰老是生命的常态，不是道术可以延长的。所以他虽然看到李少君有异术，心里却认为那是天生的，不是道术所能做到的。所以他得到这个药，竟然不服用，也不问制作方法和配方。

李少君死后好几个月，董仲躬病情加重，他经常听到汉武帝说之前做的梦，惋惜李少君走了。董仲躬想起李少君留给他的药，就试着吃了一点，还没吃完半剂，身体就感觉变轻松强壮了，病也顿时好了。等他把药吃完，就变得像少年时一样有力气了，他这才相信世上真有长生不老的道术，他辞去官职，四处向道士打听他所吃的药的药方，竟然没有一个知道的。

董仲躬只是获得了头发不白，身体十分强盛的功效，他活到八十多岁才去世，死时嘱咐他的儿子道生说：『我年轻时得到李少君的方药，一开始不相信，后来获得它的功效，却已经没有能力去解开这个药方的秘密了，这

汝可行求人间方术之士，解其方意，长服此药，必度世也。』

时有文成将军，亦得少君术事武帝，帝后遣使诛之。文成谓使者曰：『为吾谢帝，不能忍少日而败大事乎？帝好自爱，后三十年，求我于成山，方共事，不相怨也。』使者还，具言之，帝令发其棺，视之无所见，唯有竹筒一枚。帝疑其弟子窃其尸而藏之，乃收捕检问其迹，帝乃大悔。

诛文成后，复征诸方士，更于甘泉祀太乙，又别设一座祀文成，帝亲执礼焉。

是我死了也很遗憾的事。你一定要去寻访世间懂方术的人，把这个方子弄明白，要是能一直吃这个药，必定能度世成仙啊。』

当时有个文成将军，也学到了李少君的道术而侍奉着汉武帝，武帝后来派人把他杀了。文成对来人说：『代我向皇上禀报一下，就不能再忍两天吗？这样会败坏成仙的大事，请皇上一定要好自善待自己，再过三十年，让他来成山找我，到时再一起共事，我不会埋怨他的。』来人回去后，把事情经过向武帝说了一遍，武帝命令把文成的棺材打开，却什么也没看到，只有一枚竹筒。武帝怀疑他的弟子们将他的尸体偷走藏了起来，就逮捕他的弟子们询问尸体的下落，但什么也没问出来，武帝十分后悔。

汉武帝杀了文成后，又四处征集方士，并在甘泉宫祭祀太乙神，同时在另一处宫殿祭祀文成，祭祀时武帝亲自行礼。

孔元方

原 译

孔元方，许昌人也，常服松脂、茯苓、松实等药，老而益少，容如四十许人。

郄元节、左元放，皆为亲友，俱弃五经，当世之人事，专修道术。

元方仁慈，恶衣蔬食，饮酒不过一升，年有七十余岁。道家或请元方会同饮酒，次至元方，元方作一令。以杖拄地，乃手把杖倒竖，头在下，足向上，以一手持杯倒酒饮，人莫能为也。

元方有妻子，不畜余财，颇种五谷。时失火，诸人并来救之出屋下，衣粮床几，元方都不救，唯箕踞篱下视火。其妻促使元方助收物，元方笑曰：『何用惜此！』

孔元方是河南许昌人，他经常服用松脂、茯苓、松子等药物，到老年时反而变得越来越年轻，相貌像四十多岁的人。

郄元节、左慈，都是他的朋友，他们都一起放弃了攻读五经和当时的世俗生活，专门去修行道术。

孔元方生性善良仁慈，穿着破烂的衣服，吃着素食，喝酒也不超过一升，年龄已经七十多了。有道士邀请元方一起喝酒，传酒到元方时，元方就行了一个酒令。他把拐杖戳在地上，用手抓住拐杖上头，把自己倒立了起来，头朝下，脚朝上，用另一只手拿着酒杯倒酒喝，别人都做不到。

孔元方有妻子儿女，但是他不积蓄多余的钱财，只是家里种了不少庄稼。一次他家发生火灾，大家把他从屋子里救了出来，但家里的衣服、粮食、床、桌子，元方都不去抢救，只蹲坐在篱笆边看着大火燃烧。他的妻子催促他去帮忙抢救财物，元方笑着说：『这些有什么

原 译

又凿水边岸，作一窟室，方广丈余。元方入其中，断谷，或一月两月，乃复还家，人亦不得往来窟前。

有一柏树，生道后棘草间，委曲隐蔽，弟子有急欲诣元方窟室者，皆莫能知。后东方有一少年，姓冯名遇，好道，伺候元方，便寻窟室，得见。曰：『人皆来，不能见我，汝得见，似可教也。』乃以素书二卷授之，曰：『此道之要言也，四十年得传一人，世无其人，不得以年限足故妄授，若四十年无所授者，即八十年而有二人可授者，即顿接二人。可

可惜的！』

孔元方在河岸边挖了一个地下室，长宽都有一丈多。他进入其中断谷不食，有时一两个月才回家一趟，别人都找不到他地下室的入口。

入口处有一棵柏树，生长在道路深处长满刺的草丛里，那条路弯弯曲曲的十分隐蔽，他的弟子有急事想来地下室找他，都不知道在什么地方。后来从东方来了一个少年，姓冯名遇，喜欢道术，想要服侍元方，就来寻找地下室，最终得以和他见面。元方说：『人们都来找过我，却都没能见到我，你能见到，应该是个可教授的人。』于是就传授给他两卷道书，对他说：『这个是学道的要诀，四十年内要传给下一个人，世上要是没有可以传道的人，也不得因为年限到了就随便传授，要是四十年内都碰不到可以传授的人，就等到八十年内可以传给两个人，就是同时教授两个人。

授不授，为闭天道；不可授而授，为泄天道，皆殃及子孙。我已得所传，吾其去矣。』乃委妻子，入西岳，后五十余年，暂还乡里，时人尚有识之者。

可以传授却不传，是把天道关闭了；不能传授却传了，就是泄露天机，都会让后世子孙遭殃的。我已经找到我的传人，我可以走了。』于是向妻子儿女告别，去西岳华山，后来又过了五十多年，临时回了趟家，当时还有人能认出他来。

王烈

原 译

王烈者，字长休，邯郸人也。常服黄精及铅，年三百三十八岁，犹有少容，登山历险，行步如飞。

少时本太学书生，学无不览，常与人谈论五经百家之言，无不该博。中散大夫谯国嵇叔夜，甚敬爱之，数数就学，共入山游戏采药。后烈独之太行山中，忽闻山东崩地，殷殷如雷声。烈不知何等，往视之，乃见山破石裂数百丈，两畔皆是青石，石中有一穴口，径阔尺许，中有青泥流出，如髓。烈取泥试丸之，须臾成石，如投热蜡之状，随手坚凝，气如粳米饭，嚼之亦然。烈合数丸，如桃大，用携少许归。

王烈，字长休，河北邯郸人。他经常服用黄精和铅，年纪有三百三十八岁了，看起来却像年轻人，他还能冒险爬山，走起路来快步如飞。

王烈年轻时本来是个太学书生，读书时什么书都看，经常跟别人谈论儒家五经和诸子百家的学术，知识广博，无不涵盖。中散大夫谯国嵇康，对他十分敬爱，屡次向他请教，还一起去山里游玩采药。后来有一次，王烈一个人去太行山，忽然听到山的东边有大地崩裂的声音，轰隆隆的像打雷一样。王烈不知道发生了什么事，去看时，见到山石破裂，两边分开几百丈远，分开的两边都是青色的石头，中间有一个洞口，直径有一尺多长，从里面流出青色的泥巴，像骨髓一样。王烈拿一点泥巴试着搓成丸子，一会儿工夫这些丸子就变成了石头，像甩出的热蜡一样，出手后就凝固变硬了，闻起来味道像粳米饭，嚼起来也像。王烈做了几个丸子，有桃子那么大，就带了几个回来。

原 译

乃与叔夜曰：『吾得异物。』叔夜甚喜。取而视之，已成青石，击之琤琤如铜声。叔夜即与烈往视之，断山已复如故。

烈入河东抱犊山中，见一石室，室中有石架，架上有素书两卷。烈取读，莫识其文字，不敢取去，却著架上，暗书得数十字形体，以示康，康尽识其字，烈喜，乃与康共往读之。至其道径，了了分明，比及，又失其石室所在。烈私语弟子曰：『叔夜未合得道故也。』

又按《神仙经》云：『神山五百年辄开，其中石髓出，得而

王烈对嵇康说：『我得到了奇异的东西。』嵇康听了十分高兴。王烈拿出来看时，那些丸子已经变成了青石头，敲击它们会发出像敲击铜器一样的声音。嵇康就和王烈再次去山那里看，断裂的山却已经恢复了原来的样子。

王烈去抱犊山，看见一个石洞，洞里有石头做的架子，架子上有两卷道书。王烈拿起来看，一个字也不认识，也不敢拿走，就放回架子上，暗自抄下来几十个字，拿去给嵇康看，嵇康都认得这些字，王烈十分高兴，就带嵇康一起去看那些书。他们回到原来的那条路，走得一直很通畅，等走到山边，又找不到石洞了。王烈私下对弟子们说：『嵇康注定不能得道，所以才找不到。』

按《神仙经》的说法：『神山每过五百年就会裂开，其中有石髓流出，能得到并服用，寿命就会与天地一

原 译

服之，寿与天相毕。』烈前得者，必是也。

河东闻喜人，多累世奉事烈者。晋永宁年中，出洛下，游诸处。与人共戏斗射，烈挽二石弓，射百步，十发矢，九破的。一年，复去，又张子道者，年九十余，拜烈，烈平坐受之，座人怪之。子道曰：『我年八九岁时，见颜色与今无异，吾今老矣，烈犹有少容。』后莫知所之。

样长久。』王烈之前所得到的，一定就是石髓了。

河东闻喜县的人，大多几辈子侍奉王烈。晋永宁年间，王烈离开洛阳，四处游历。王烈跟别人一起玩耍比赛射箭，他拉开二石重的弓，隔百步远射箭，射了十次，有九次把箭靶都射穿了。一年后，再去那地方时，有个叫张子道的，年纪已经九十多了，给王烈下拜，王烈平坐着受他跪拜，在座的人都很奇怪。张子道说：『我八九岁的时候，看王烈相貌跟现在没什么差异，我现在老了，王烈还是像年轻人一样。』后来就不知道王烈去了哪里。

原 译

沈建

沈建，丹阳人也。世为长吏，建独好道，不肯仕宦，学道引、服食之术，还年却老之法。又能治病，病无轻重，治之即愈，奉事之者数百家。

建尝欲远行，寄一婢、三奴、驴一头、羊十口，各与药一丸，语主人曰：『但累屋，不烦饮食也。』便去。主人大怪之，曰：『此客所寄十五口，不留寸资，当若之何？』

建去后，主人饮奴婢，奴婢闻食气，皆逆吐不用。以草饲驴羊，驴羊避去不食，或欲抵触人，主人大惊愕。百余日，奴婢体貌光泽，胜食之时，驴羊皆肥如饲。

建去三年乃还，各以药一丸与

沈建是丹阳郡人。他家世代都在县里做官，只有他喜欢道术，不肯做官。他学了导引术、服食法，还有些使人恢复年轻、长生不老的方法。他还能治病，不管病轻还是病重，只要经过他的治疗都能治愈，因此有好几百家供奉他。

沈建想去远游，就把一个婢女、三个仆人、一头驴、十头羊寄放到一户人家，并给了他们各自一颗药丸服下，他对那家主人说：『只需要您家的房子安顿一下他们，不需要您去给他们供应饮食。』然后就走了。那家主人万分奇怪，说：『这个客人存放了十五口人畜，却没留下一分钱，这可怎么办？』

沈建走了之后，那家主人就给奴婢们送去吃喝的东西，但奴婢们一闻到饭菜的味道，就马上反胃呕吐不想吃。他又给驴和羊喂草，但那些驴和羊都走开了，一口草都不吃，甚至还要顶撞人。那家主人非常吃惊。一百多天后，奴婢们的身体和肌肤的光泽，都比之前

原

奴婢、驴、羊，乃饮食如故。

建遂断谷不食，轻举飞行，或去或还，如此三百余年，乃绝迹，不知所之也。

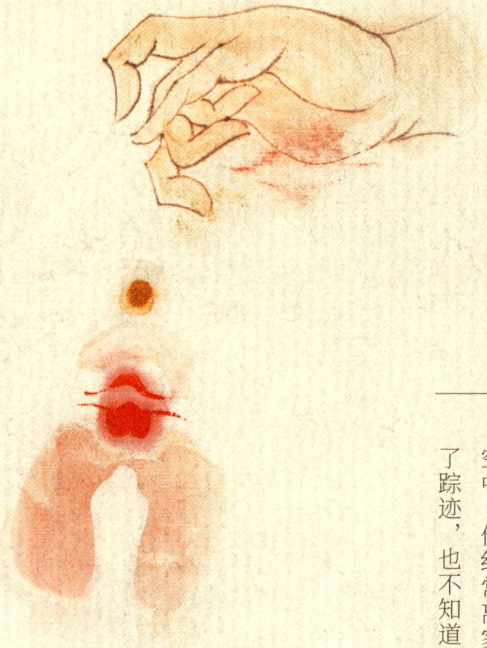

译

吃饭的时候还要好，驴和羊也都肥壮得像一直被喂养着一样。

沈建出去三年后回来了，他给奴婢和驴、羊各自一颗药丸服下，他们就恢复了正常的饮食。

沈建开始断谷不吃东西，他能让身体变轻飞升到空中，他经常离家又回来，这样过了三百多年，就没了踪迹，也不知道他去了哪里。

卷柒

神仙传

太玄女

原 译

太玄女，姓颛，名和。少丧父，或相其母子，皆曰不寿，恻然以为忧。常曰：『人之处世，一失不可复生，况闻寿限之促，非修道不可以延生也。』遂行访明师，洗心求道，得王子之术。行之累年，遂能入水不濡，盛雪寒时，单衣水上而颜色不变，身体温暖，可至积日。又能徙官府、宫殿、城市、屋宅于他处，视之无异，指之即失其所在。

门户椟柜有关钥者，指之即开。指山，山摧；指树，树折，更指之，即复如故。

将弟子行山间，日暮，以杖叩石，即开门户，入其中，屋宇、床褥、帷帐，廪供酒食如常，虽行万里，所在常尔。

能令小物忽大如屋，大物忽小如毫芒。

或吐火张天，嘘之即灭；又能坐炎

太玄女，姓颛，名和。她年轻时父亲去世，有人给他们母女看相，说他们都不会长寿，于是她很悲伤忧虑。

她经常感叹：『人来到世上，一失去生命就不能再活过来了，况且听说自己寿命很短，不去修道，恐怕是不能延长生命了。』于是她四处拜访名师，一心求道，终于获得了王子乔的道术。她连续几年不断修行，终于能做到入水而身体不被沾湿，在下大雪的冷天里，穿单衣待在水上也面不改色，身体还一直保持温暖，并且能待好几天。她还能把官府、宫殿、城市、房子等挪到别的地方，看上去和原来的没什么差别，再用手一指，它们就又消失不见了。

大门或柜子有上锁的，她用手指一下就打开了。她指山，山就会倒；指树，树就会断，再指一次，就又恢复原来的样子了。

她带着弟子们在山里走路，到太阳落山时，用

火之中，衣履不燃。须臾之间，或化老翁，或为小儿，或为车马，无所不为。行三十六术，甚效。起死回生，救人无数。不知其何所服食，亦无得其术者，颜色益少，鬓发如鸦，忽白日升天而去。

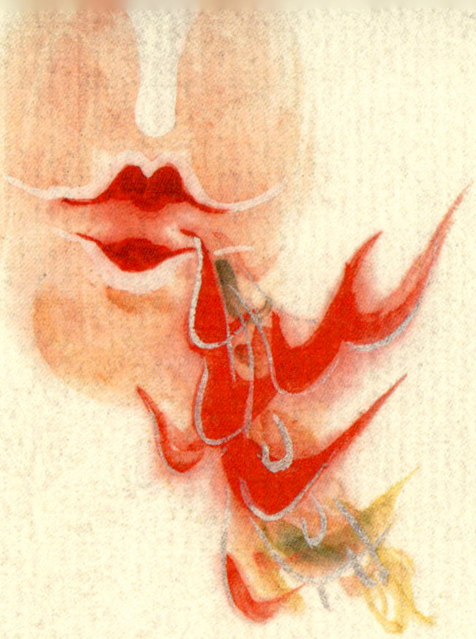

手杖叩打山石，从石头上就开了一道门，进去后，里面有房屋、床、被褥和帐子，还有厨房供应着酒和饮食，跟普通人家一样，即使走一万里路，这个地方也一直会在。

她能让小的东西变得像房子那么大，把大的东西变成像毫毛的细尖那么小。

她有时能从口里吐出火，把整个天空都遮住，然后吹一口气就灭了；又能坐在燃烧的火焰中，但衣服鞋子都不会燃烧。片刻之间，她就能变成老人，或者小孩，或者车子和马，什么都可以变。她练习三十六种道术，都十分有效果。她能让人起死回生，因此救了无数的人。

没人知道她服食什么，也没有学到她道术的人，她越来越年轻，鬓发也变得乌黑，有一天白天，她忽然飞升上天走了。

西河少女

原 译

西河少女者，神仙伯山甫外甥也。山甫雍州人，入华山学道，精思服食，时还乡里省亲族。二百余年，容状益少。

入人家，即知其家先世已来善恶功过，有如目击。又知将来吉凶，言无不效。见其外甥女年少多病，与之药。女服药时，年已七十，稍稍还少，色如婴儿。

汉遣使行经西河，于城东见一女子，笞一老翁，头白如雪，跪而受杖。使者怪而问之，女子答曰：『此是妾儿也，昔妾舅伯山甫，得神仙之道，隐居华山中，悯妾多病，以神药授妾，渐复少壮。今此儿妾令服药，不肯，致此衰老，行不及妾，妾恚之，

西河少女是神仙伯山甫的外甥女。伯山甫是陕西雍州人，他进入华山学道，修炼精思和服食，偶尔回家乡看看亲属。这样一直过了两百年，相貌变得愈发年轻。

伯山甫一到别人家里，就知道这家人从上代至今所做的好事和坏事，说起来就像他亲眼看到一样。他还能知道将要发生什么吉事和凶事，所说的都很准确。他看到自己的外甥女年纪轻轻就一身疾病，就拿药给她。他外甥女吃药的时候已经七十岁了，吃完药就渐渐变年轻，直到脸色像婴儿一样。

汉武帝派遣使者路过西河，在城东看见一个女子，正在鞭打一位老人，那位老人头发雪白，却跪在那里接受鞭打。使者看了奇怪地询问是怎么回事，那女子回答说：『这是我的儿子，以前我的舅舅伯山甫得到了修炼成仙的道术，在华山隐居，因为可怜我老是生病，就给我神药吃，我才慢慢恢复年轻健康。现在我

原 译

故因杖耳。』使者问女及儿年各几许，女子答云：『妾年一百三十岁，儿年七十一矣。』此女亦入华山而去。

让这个儿子吃药，他竟然不肯，所以他才变得这么衰老，走路都赶不上我，我对他很生气，所以才鞭打他。』使者问女子和她儿子各有多少岁了，女子回答说：『我年纪有一百三十岁了，儿子七十一岁了。』后来这个女子也进入华山中去了。

程伟妻

原 译

汉期门郎程伟妻，得道者也，能通神变化，伟不甚异之。

伟常从驾出行，而服饰不备，甚以为忧。妻曰：『止阙衣耳，何愁之甚耶。』即致两匹缣，忽然自至。

伟亦好黄白之术，炼时即不成。妻乃出囊中药少许，以器盛水银，投药而煎之，须臾，成银矣。

伟欲从之受方，终不能得，云：『伟骨相不应得。』逼之不已，妻遂蹶然而死，尸解而去。

汉代的期门郎程伟的妻子，是个得道之人，她会神通变化，但是程伟不知道，所以并没有觉得她有什么特别。

程伟经常跟着皇帝出行，但是一直没有合适的衣服，为此十分烦恼。他妻子说：『只是缺衣服罢了，为什么愁成这样。』就要了两匹缣布，准备给他做衣服，忽然就有两匹缣布飞到了面前。

程伟也喜欢黄白术，但是却炼制不成功。妻子就从药袋中拿出一点药，用一件器皿盛放着水银，把药放进水银里一起熬炼，一会儿工夫，水银就变成了银子。

程伟想跟妻子学那个方法，最终也没学到，他妻子说：『从你的骨相上看，你不应该得到这个。』程伟就不停地逼迫妻子告诉自己，妻子突然就倒地死了，然后尸解走了。

麻姑

原译

汉孝桓帝时，神仙王远，字方平，降于蔡经家。将至一时顷，闻金鼓箫管人马之声，及举家皆见王方平，戴远游冠，着朱衣，虎头鞶囊，五色之绶带剑。少须，黄色，中形人也。

乘羽车，驾五龙，龙各异色。麾节幡旗，前后导从，威仪奕奕，如大将军。鼓吹皆乘麟，从天而下，悬集于庭。从官皆长丈余，不从道行。

既至，从官皆隐，不知所在，唯见方平与经父母兄弟相见。独坐久之，即令人相访，经家亦不知麻姑何人也。言曰：『王方平敬报姑，余久不在人间，今集在此，想姑能暂来语乎？』有顷，使者还，不见其使，但闻其语云：『麻姑再拜，不见忽已五百余年，

汉桓帝的时候，神仙王远，字方平，降临在蔡经家。在王方平快来的时候，蔡经家人就听到锣鼓箫管等演奏的音乐声，还有人马嘶鸣的声音，等到他全家都看见王方平，只见他头戴远游冠，身穿大红的衣服，腰里围着一个虎头皮囊，还挎着一把剑柄上系着五彩丝带的宝剑。他脸上胡须很少，脸色泛黄，中等身材。

王方平坐在羽毛装饰的车子上，驾驭着五条龙，每条龙的颜色都不一样。他的队伍前后有麾节和旗帜引导，看起来整齐庄严、浩浩荡荡，就像大将军出行。打鼓和吹奏乐器的随从都乘坐着麒麟，从天上降下来，一起停在院子的上空。那些随从官员身高都有一丈多，都不从大路走来。

队伍到齐后，王方平的随从们都隐身了，也不知道在哪里，只看见王方平和蔡经的父母兄弟等家人见面。他一个人坐了好久，就叫人去拜访麻姑，

原 译

尊卑有叙，修敬无阶。烦信来承，在彼登山，颠倒而先受命，当按行蓬莱。今便暂往，如是当还，还便亲觐，愿来，即去。』如此两时间，麻姑至矣。来时，亦先闻人马箫鼓声，既至，从官半于方平。麻姑至，蔡经亦举家见之。

是好女子，年十八九许，于顶中作髻，余发垂至腰，其衣有文章，而非锦绮，光彩耀目，不可名状。

入拜方平，方平为之起立，坐定，召进行厨，皆金盘玉杯，肴膳多是诸花果，而香气达于内外。擘脯行之，如柏灵，云是麟脯也。

麻姑自说云：『接待以来，已见东海三为桑田，向到蓬莱，水又浅于

蔡经家人也不知道麻姑是什么人。他派去的使者对麻姑说：『王方平敬报麻姑，我好久都不来人间了，今天来到蔡经家，不知道麻姑能不能抽空过来说说话？』过了一会儿，使者回来了，也看不见人，只听到他带回麻姑所说的话：『麻姑向您下拜，我们已经五百多年没有相见了，我和您尊卑有序，一直想对您表达敬意却无缘相会。劳烦您送信过来时，我正在别处登山，因为之前又接到命令，应当去一趟蓬莱岛。我现在就过去，到那边很快就回来，回来后就过去见您，我非常愿意来见您，我出发了。』这样过了两个时辰，麻姑果然来了。

她来的时候，也是先听到人马嘶鸣和箫鼓奏乐的声音，来到后，才看到她的随从人员要比王方平少一半。麻姑一来，蔡经也带着全家人和她见了面。

麻姑是个很好看的女子，年龄像十八九岁的样子，她头顶上盘了个发髻，剩下的长发垂至腰间，

往者，会时略半也，岂将复还为陵陆乎！』方平笑曰：『圣人皆言，海中复扬尘也。』

姑欲见蔡经母及妇侄，时弟妇新产数十日，麻姑望见，乃知之，曰：『噫，且止勿前。』即求少许米，得米便撒之掷地，视其米，皆成真珠矣。方平笑曰：『姑故年少，吾老矣，了不喜复作此狡狯变化也。』方平语经家人曰：『吾欲赐汝辈酒，此酒乃出天厨，其味醇浓，非世人所宜饮，饮之或能烂肠，今当以水和之，汝辈勿怪也。』乃以一升酒，合水一斗，搅之，赐经家。饮一升许，良久，酒尽。方平语左右曰：『不足，远取也。』

穿的衣服色彩斑斓，但又不是人间的丝绸，材质光彩夺目，难以形容。

麻姑进屋拜见王方平，王方平起身迎接，一起坐下后，就召来食物，都用金盘玉杯盛放，菜肴多是各种花果，食物的香气弥漫到屋子内外。王方平撕开一块肉干，看起来像柏根一样，他说这是麒麟肉干。

麻姑说：『自上次迎接陪从您之后，已经三次看见东海变为桑田了，刚去蓬莱岛，看到海水又比以前浅了，大概有上次我们会面时的一半。难道那里又要变成山陵和陆地吗！』王方平笑着说：『圣人们都在说，大海中又要扬起沙尘了。』

麻姑想见见蔡经的母亲和妻子儿女等人，当时蔡经的弟媳刚生完孩子几十天，麻姑远远看见，就知道了，说：『等一下，先不要到我面前。』就叫

以千钱与余杭姥，求其沽酒。须臾，信还，得一油囊酒，五斗许。信传余杭姥答言：『恐地上酒，不中尊饮耳。』

又麻姑鸟爪，蔡经见之，心中念言：『背大痒时，得此爪以爬背，当佳。』方平以知经心中所念，即使人牵经鞭之，谓曰：『麻姑神人也，汝何思谓爪可以爬背耶？』但见鞭着经背，亦不见有人持鞭者。

方平告经曰：『吾鞭不可妄得也。』是日，又以一符传授蔡经。

邻人陈尉，能檄召鬼魔，救人治疾。蔡经亦得解蜕之道，如蜕蝉耳。经常从王君游山海，或暂归家。王君亦有书与陈尉，多是篆文，或真书，字廓落而大，陈尉世世宝之。

他们拿一些米来，麻姑拿到米后把米抛洒在地上，蔡经家人一看，那些落在地上的米都变成了珍珠。王方平笑着说：『麻姑还是年轻，我老了，已经不喜欢再搞这些神通变化的游戏了。』王方平对蔡经家人说：『我想赐给你们酒喝，这个酒是从天宫的厨房里带来的，味道十分浓厚，不是世上的人能喝得了的，喝了可能会烂穿肠胃，应该拿水来稀释一下，你们不要惊怪。』他就拿出一升酒，叫人再添一斗水，搅拌了一下，赐给了蔡经家人。蔡经家人共喝了一升多，过了好一会儿，酒都喝完了。

王方平对身边的人说：『酒不够就去远处买点来。』于是让使者带着一千钱去找余杭姥，在她那买酒。一会儿工夫，使者回来，带着一油囊的酒，大概有五斗多。使者带来余杭姥的回话：『怕我这凡间的酒，不合您的口味。』

麻姑的手长得像鸟爪，蔡经看见了，心中暗想：

原 译

宴毕，方平麻姑，命驾升天而去，箫鼓道从如初焉。

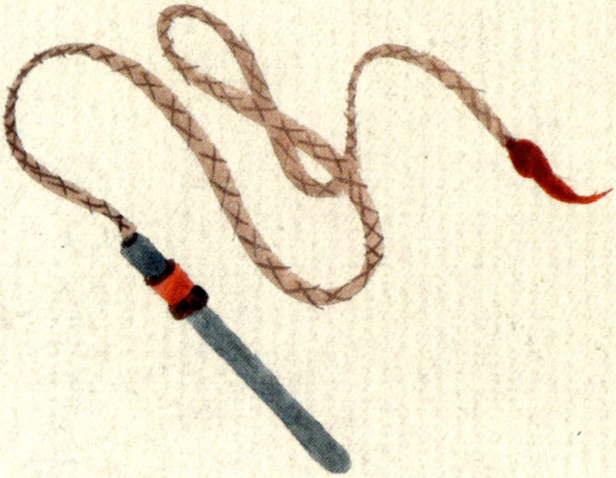

『背上很痒的时候，要是能用这个爪子挠一挠背，就太好了。』王方平已经知道了蔡经的想法，就让人把蔡经拉过来鞭打他，对他说：『麻姑是神仙，你怎么想着她的手可以用来挠背呢？』就看见鞭子打在蔡经的背上，却看不到挥鞭子的人。

王方平对蔡经说：『我的鞭子不是随便拿到的。』当天，王方平传授给了蔡经一道符。

蔡经的邻居陈尉，也得了王方平的符，并会用符召唤鬼神、治病救人。蔡经后来也获得了解脱成仙的道术，像蝉脱壳一样。他经常跟王方平游历名山大海，有时回家一趟。王方平后来给陈尉写过信，多是用的篆体字，有时也用楷书，字写得稀疏而大，陈尉家代代相传视如珍宝。

宴会结束，王方平和麻姑命令队伍起驾升天走了，吹箫打鼓的音乐声一路相随，跟来时一样。

樊夫人

原 译

樊夫人者，刘纲妻也，纲仕为上虞令。有道术，能檄召鬼神，禁制变化之事。亦潜修密证，人莫能知。为理尚清静简易，而政令宣行，民受其惠。无水旱疫毒鸷暴之伤，岁岁大丰。

暇日，常与夫人较其术。与俱坐堂上，纲作火，烧客碓屋，从东起。夫人禁之，即灭。庭中两株桃，夫妻各咒一株，使相斗击，良久，纲所咒者，不如，数走出篱外。纲唾盘中，即成鲫鱼，夫人唾盘中，成獭食鱼。纲与夫人入四明山，路阻虎。纲禁之，虎伏不敢动。适欲往，虎即灭之。夫人径前，虎即面向地，不敢仰视，夫人以绳系虎于床脚下。

樊夫人是刘纲的妻子，刘纲是上虞县的县令。他会道术，能发符召唤鬼神，会禁咒之术，还会各种变化。他一直暗自修炼，秘密验证，别人都不知道。

刘纲审理案件简单明了，发布的政令都能得到很好地施行，因此老百姓得到了很多好处。在他的治理下，上虞县没有洪灾和旱灾，也没有疫病流行及猛兽为害，老百姓年年都获得大丰收。

闲暇的时候，他经常跟他的夫人较量道术。他们一起坐在堂屋中，刘纲生起火，把舂米的房子烧了起来，从东边开始烧起。但夫人用禁术一禁制，火就灭了。院子里有两棵桃树，夫妻俩各自对着一棵树念咒语，让两棵树相互打斗，打了好久，刘纲念咒的那一棵树被打败，几次逃到篱笆外面。刘纲向盘子里唾了一口唾沫，就变成了一条鲤鱼，夫人也向盘中唾了一口唾沫，就变成了水獭，把鲤鱼吃了。

刘纲和夫人一起去四明山，路上被老虎拦住了去

原 译

纲每共试术，事事不胜。将升天，悬厅侧先有大皂荚树，纲升树数丈，方能飞举，夫人平坐，冉冉如云气之升。同升天而去。

路。刘纲对老虎用禁术，老虎趴在地上就不敢动了。但是只要一走近老虎，老虎就又要吃他。夫人直接走到老虎面前，老虎立即就把头低向地面，不敢抬头看夫人，夫人就用绳子把老虎拴在了床脚下。

刘纲每次和夫人比试道术，都不能获胜。他们要升天的时候，大厅外面有棵大皂荚树，刘纲先爬到树上几丈高的地方，然后才能飞升上天，夫人只是平坐着，身体却像云气一样慢慢地升腾而起。两人就这样一同升天成仙走了。

原 译

严清

严清，会稽人。家贫，常于山中作炭。忽有一人，与清语，不知其异人也。临别，以一卷书与清曰：『汝得长生，故以相授，当以洁器盛之，置于高处。』清授之，后得其术，入霍山仙去。

严清是浙江会稽人。他出身贫困，经常在山里烧制木炭为生。忽然有一天，有个人来跟他说话，严清也不知道那人是个有异术的人。临走的时候，那人送给严清一卷书说：『你命里应该获得长生，所以才传授这个给你，你应该用干净的器皿将它盛放起来，放在家里位置高的地方。』严清接受了，后来就学会了书中的道术，进入霍山成仙而去。

帛和

原 译

帛和，字仲理，辽东人也。入地肺山事董奉，奉以行气、服术法授之，告和曰：『吾道尽此，不能得神丹金砂。周游天下，无山不往，汝今少壮，广求索之。』和乃到西城山事王君。王君语和大道诀曰：『此山石室中，当熟视北壁，当见壁有文字，见得道矣。』

视壁三年，方见文字，乃古人之所刻《太清中经》神丹方及《三皇天文》、大字《五岳真形图》，皆著石壁。和讽诵万言，义有所不解，王君乃授之诀。

后入林虑山为地仙。林虑一名隆虑，其山南连太行，北接恒岳，有仙人楼，高五十丈。

帛和，字仲理，是辽东郡人。他去地肺山侍奉董奉，董奉教给他行气和服食白术的方法，并告诉他说：『我的道术就这些了，你在我这里得不到神丹金砂的炼制方法。你应该去周游天下，把所有的名山都跑一遍，趁自己还年轻，身体强壮，应当去广泛寻求。』帛和于是到西城山侍奉王君。王君告诉他成仙大道的秘诀：『这个山的石窟里，你要仔细看北边的石壁，当你看到石壁上有文字时，就能得道了。』

帛和对着墙壁看了三年，才看到文字，是古人刻的《太清中经》神丹方和《三皇天文》，还有大字画的《五岳真形图》，都刻在石壁上。帛和把这一万多字都背诵了下来，但对它们的意思还是不能完全明白，王君就把秘诀告诉了他。

帛和后来进入林虑山修炼成了地仙。林虑又叫隆虑，这座山南边连着太行山，北边与北岳恒山对接，山上有座仙人楼，有五十丈高。

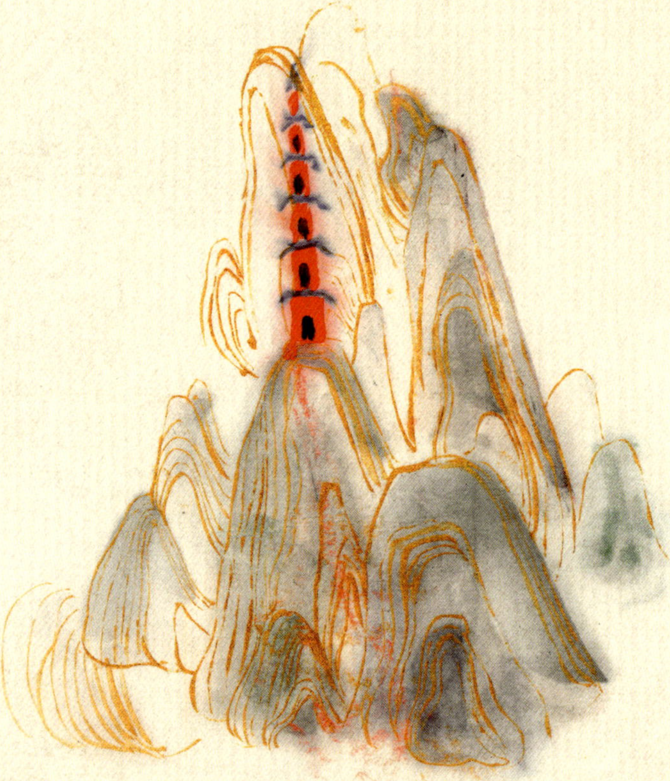

东陵圣母

原 译

东陵圣母，广陵海陵人也。适杜氏，师刘纲学道。能易形变化，隐见无方。杜不信道，常怒之。圣母理疾救人，或有所诣，杜恚之愈甚。讼之官，云圣母奸妖，不理家务。官收圣母付狱，顷之，已从狱窗中飞去，众望见之，转高入云中，留所著履一双在窗下。于是远近立庙祠之，民所奉事，祷之立效。

常有一青鸟在祭所，人有失物者，乞问所在，青鸟即飞集盗物人之上。路不拾遗，岁月稍久，亦不复尔。至今海陵县中，不得为奸盗之事，大者即风波没溺，虎狼杀之，小者即复病也。

东陵圣母是广陵海陵县的人。她嫁给杜氏，拜刘纲为师学习道术。她能改变形貌做出各种变化，还能随时随地隐身，又随时随地出现。

她丈夫杜氏不信道术，经常对她发怒。圣母会治病救人，有时来人找她看病，杜氏就对她越来越不满了。他把圣母告到官府，说圣母是个妖邪，从来不管家务。官府把圣母逮捕关进大牢，顷刻之间她就从监狱的窗户里飞出去了，众人都看着她，越飞越高，飞入云中，留下所穿的一双鞋在窗子下面。于是远近的老百姓都立庙祭祀她，那些经常供奉她的人，有事时对她祷告就会马上应验。

有一只青色的鸟经常来庙里，要是有人丢了东西，丢东西的人就来求问东西在

什么地方，青鸟就飞到偷东西的人的上方。因此在当地，没有人把别人丢失在路上的东西捡走，时间久了，这种风气一直都在。

至今在海陵县里，都没有人做偷盗的事，严重的盗贼要么被江河里的风浪淹死，要么被虎狼等野兽咬死，如果是小偷小摸的行为，则那个小偷就会反复生病。

卷捌

凤纲

原 译

凤纲者，渔阳人也。常采百草花，以水渍封泥之，自正月始尽，九月末止，埋之百日，煎九火。卒死者，以药内口中，皆立活。纲常服此药，至数百岁不老，后入地肺山中仙去。

凤纲是渔阳人。他经常采集各种草的花朵，用水和泥把它们密封起来，他从正月开始采集，到九月末结束，然后把采来的花埋在地下一百多天，再用火烧炼九次。如果碰到快要死的人，他就把花药放到病人嘴里，那些人就马上活了过来。凤纲经常服用此药，到几百岁了都不衰老，后来进入地肺山成仙走了。

卫叔卿

原 译

卫叔卿者，中山人也，服云母得仙。汉元封二年八月壬辰，孝武皇帝闲居殿上，忽有一人，乘云车，驾白鹿，从天而下，来集殿前。其人年可三十许，色如童子，羽衣星冠。

帝乃惊问曰：『为谁？』答曰：『吾中山卫叔卿也。』帝曰：『子若是中山人，乃朕臣也，可前共语。』叔卿本意谒帝，谓帝好道，见之必加优礼，而帝今云是朕臣也，于是大失望，默然不应，忽焉不知所在。

帝甚悔恨，即遣使者梁伯，至中山推求叔卿，不得见。但见其子名度世，即将还，见帝。问云：『汝父今在何所？』对曰：『臣父少好仙道，尝服药导引，不交世事，委家而去，

卫叔卿是中山郡人，他服用云母而成仙。汉元封二年八月十六日，汉武帝在大殿上闲坐，忽然有一个人，乘坐云车，驾着白鹿，从天上下来，停在大殿门前。这个人看上去大概三十多岁，脸色像少年一样，穿着羽毛做的衣服，戴着道士的帽子。

武帝吃惊地问道：『你是谁？』他回答道：『我是中山卫叔卿。』武帝说：『你要是中山人，就是我的臣子，你可上前来说话。』叔卿来拜见武帝，是听说武帝喜欢道术，以为见到自己必定会对自己优待礼遇，现在却见武帝说自己是他的臣子，于是十分失望，就沉默不语，然后突然就不见了。

武帝十分懊悔，就派遣使者梁伯去中山寻找叔卿，但是一直找不到他。后来找到他的儿子叫度世，就带回来去见武帝。武帝问他：『你父亲

已四十余年，云当入太华山也。』帝即遣使者，与度世共之华山求寻其父。

到山下，欲上，辄火不能上也。积数十日，度世谓使者曰：『岂不欲令吾与他人俱往乎？』乃斋戒独上，未到其巅，于绝岩之下，望见其父与数人博戏于石上。

现在哪里？』度世回答说：『我父亲年轻时就喜欢修炼神仙道术，曾经服过药也修炼过导引术，他没有做过世上的职业，就离家走了，现在已经四十多年了，有人说他应该去了华山。』武帝就派使者跟度世一起去华山找他父亲。

到了华山脚下，这群人想上山，却被野火拦住上不去。等了十几天，度世就对使者说：『难道是我父亲不想让我和别人一起上去吗？』就斋戒沐浴后自己一个人上去了，还没到山顶时，在一处悬崖绝壁之下，望见他父亲和好几个人正在一块石头上下围棋。

紫色的祥云弥漫在他们的上方，他们都坐在白玉床上，还有几名仙童，拿着旗帜站在后面。

度世望见后赶紧下拜，叔卿说：『你来做什么？』度世说：『武帝十分懊悔前几天仓促间所

原 译

紫云郁郁于其上，白玉为床，又有数仙童，执幢节立其后。

度世望而再拜，叔卿曰：『汝来何为？』度世曰：『帝甚悔前日仓卒，不得与父言语，今故遣使者梁伯，与度世共来，愿更得见父也。』叔卿曰：『前为太上所遣，欲诫帝以大灾之期，及救危厄之法，国祚可延，而强梁自负，不识真道，而反欲臣我，不足告语，是以去耳。今当与中黄太乙共定天元，吾终不复往耳。』

度世曰：『不审向与父并坐是谁也？』叔卿曰：『洪崖先生、许由、巢父、火低公、飞黄子、王子晋、薛容耳。今世当大乱，天下无聊，后数百年间，土

说的话，导致不能再跟父亲说话了，所以现在派使者梁伯和我一起来，希望能再见到父亲。』叔卿说：『我前几天受太上派遣，想告诫武帝国家灾难要发生的日期，以及在危难中救国的方法，如此汉代的江山就能得以延长，但是他强横无礼，不认识真正有道术的人，反而想将我变成他的臣子，所以就不值得告诫他了，我这才离去。现在我要跟中黄大乙共同商定天下大势，我再也不会去找他了。』

度世说：『不知道跟父亲一起坐着的人都是谁？』叔卿说：『他们是洪崖先生、许由、巢父、火低公、飞黄子、王子晋、薛容。现在世道就要大乱了，天下人的生活将再次陷入穷困，再过几百年，土德和金德的朝代都会灭亡。你赶快回家，取出我房子里西南角柱子下的玉盒，盒子里有神

灭金亡。汝归，当取吾斋室西北隅大柱下玉函，函中有神素书，取而按方合服之，一年，可能乘云而行，道成，来就吾于此，勿得为汉臣也，亦不复为语帝也。』度世于是拜辞而去。

下山见梁伯，不告所以，梁伯意度世必有所得，乃叩头于度世，求乞道术。先是，度世与之共行，见伯情行温实，乃以语之，梁伯但不见柱下之神方耳。

后掘得玉函，封以飞仙之印，取而饵服。乃五色云母，遂合药服之，与梁伯俱仙去。留其方与子，而世人多有得之者。

仙道书，你取出来后按照上面的方子配药服用，过一年，就可以乘云飞行了，修道成功后，再来这里见我，不要再做汉朝的臣民了，也不要再告诉武帝。』度世拜别告辞走了。

度世下山后见到梁伯，没有跟他说山上发生的事，梁伯心想度世必定有所收获，就磕头求度世，请他教自己道术。之前，度世一直跟梁伯同行，见梁伯性格举止温厚老实，就把实话跟他说了，只是梁伯没看见柱子下面埋着的神方。

度世后来把玉盒挖了出来，看到是用飞仙印封着的，就取出里面的方子准备服用。原来那方子是教服五色云母，于是度世就配好丹药一直服用，最后跟梁伯一起成仙走了。度世把方子留给了儿子，后世也有很多人得到过这个方子。

墨子

原 译

墨子者，名翟，宋人也。仕宋为大夫，外治经典，内修道术，著书十篇，号为《墨子》，世多学者。与儒家分途，务尚俭约，颇毁孔子。有公输般者，为楚造云梯之械，以攻宋，墨子闻之，往诣楚。脚坏，裂裳裹足，七日七夜到。见公输般而说之曰：『子为云梯以攻宋，宋何罪之有？余于地而不足于民，杀所不足而争所有余，不可谓智；宋无罪而攻之，不可谓仁；知而不争，不可谓忠；争而不得，不可谓强。』公输般曰：『吾不可以已，言于王矣。』墨子见王曰：『于今有人，舍其文轩，邻有一弊舆，而欲窃之；舍其锦绣，邻有短褐，而欲窃之；舍其粱肉，

墨子，名翟，是宋国人。他在宋国做大夫，外修各家经典，内修道术，写了十篇文章，集结后称为《墨子》，世上有很多人学他的东西。墨子跟儒家的主张不同，他崇尚勤俭节约，对孔子的思想多有批评。

有个叫公输般的人，为楚国制造了一种叫云梯的器械，准备用来攻打宋国，墨子听说后，就起身去楚国。

他一路走得脚都破了，就把衣服撕下来裹在脚上，这样走了七天七夜才到楚国。见到公输般，就劝他说：『你制造云梯来攻打宋国，宋国有什么罪过呢？你们楚国土地广大而百姓稀少，却还要去杀别国的人口，去争抢你们已经很广阔的土地，这种做法，不能说很明智啊；宋国没有过错，你却要攻打他们，这不能说是仁义的行为；你知道攻打宋国是一件错事，却不加以劝阻，说明你

原 译

邻有糟糠，而欲窃之，此为何若人也？』王曰：『若然者，必有狂疾。』翟曰：『楚有云梦之麋鹿，江汉之鱼龟，为天下富。宋无雉、兔、鲋鱼，犹粱肉与糟糠也；楚有杞、梓、豫章，宋无数丈之木，此犹锦绣之与短褐也。臣闻大王更议攻宋，有与此同。』王曰：『善哉！然公输般已为云梯，谓必取宋。』

于是见公输般，墨子解带为城，以牒为械，公输般乃设攻城之机，九变，而墨子九拒之。公输般之攻城械尽，而墨子之守有余也。

公输般曰：『吾知所以攻子矣，吾不言。』墨子曰：『吾知子所以攻我，我亦不言。』王问其故，墨子曰：『公

对楚国并不忠心；你要是劝阻了却没有成功，说明你能力不强。』公输般说：『这件事不是我能阻止的，你还是去跟我们楚王说吧。』

墨子见到楚王，对他说：『假如现在有个人放弃自己华美的马车，却想去偷窃邻居家破烂的车子；不穿自家精美的丝绸衣服，却想去偷邻居家的粗麻布衣；不吃自家的美食佳肴，却想偷窃邻居家的酒渣、米糠等做的食物，这种人算是什么样的人呢？』楚王说：『要是像这样，这个人必定是个疯子。』墨子说：『楚国有云梦的麋鹿，长江和汉江的鱼和龟，是天下最富有的地方。宋国连野鸡、兔子、鲫鱼都没有，楚国跟宋国比就像美食和米糠一样；楚国有杞、梓、豫章这些上好的木材，而宋国连几丈高的树木都找不到，这就像锦绣衣服和粗麻布衣对比一样。我听说大王您一再商议攻打宋国，这样的

输之意，不过杀臣，谓宋莫能守耳。然臣弟子禽滑厘等三百人，早已操臣守御之器，在宋城上，而待楚寇矣，虽杀臣，不能绝也。』楚乃止，不复攻宋。

墨子年八十有二，乃叹曰：『世事已可知，荣位非常保，将委流俗以从赤松子游耳。』乃入周狄山，精思道法，想像神仙。

行为跟刚才我说的那些行为一样。』楚王说：『您说得太对了！但是公输般已经制造了云梯，说是必定能打下宋国。』

于是墨子去见公输般，墨子把腰带解下来当作城墙，用头巾做了个守城器械，公输般于是选定了攻城的时机，然后发动了九次不同的进攻，都被墨子阻挡了回来。公输般攻城的器械用完了，而墨子守城的器械还有很多。

公输般说：『我知道怎么打赢你了，但是我不说。』墨子说：『我知道你打败我的方法，我也不说。』楚王问是怎么回事，墨子说：『公输般的意思，不过是把我杀了，这样宋国就没人能守住了。但是我的弟子禽滑厘等三百多人，早就拿着我的守城工具在宋国城墙上等待着楚国的大军，即使把我杀了，也不能消灭他们。』楚国只好罢手，不再攻打宋国。

于是数闻左右山间有诵书声者，墨子卧后，又有人来，以衣覆足。墨子乃伺之，忽见一人，乃起问之曰：『君岂非山岳之灵气乎？将度世之神仙乎？愿且少留，诲以道要。』神人曰：『知子有志好道，故来相候，子欲何求？』墨子曰：『愿得长生，与天地相毕耳。』

于是神人授以素书《朱英丸方》《道灵教戒》《五行变化》，凡二十五篇，告墨子曰：『子有仙骨，又聪明，得此便成，不复须师。』墨子拜受。合作，遂得其验。乃撰集其要，以为《五行记》。乃得地仙，隐居以避战国。

墨子八十二岁的时候，叹息道：『世上的事我都已经了解，荣华富贵都不是能长久保存的，我要放弃这些俗世的生活去跟随赤松子那样的仙人学仙了。』于是他就进入周狄山专研道术，希望自己有一天也能成仙。

墨子几次听到左右山间有人读书的声音，他睡下后，就有人过来，用衣服裹住脚悄悄地走动。墨子就静静地等着，忽然就看到一个人，于是起身问他说：『您难道是大山的灵气吗？还是要得道成仙的人？希望您暂作停留，教给我一些修道的要领。』那个神人说：『知道你有志于修道，所以才在这里等你，你有什么要求？』墨子说：『我希望能长生不死，跟天地一样长久。』于是神人就传授给他道书《朱英丸方》《道灵教戒》《五行变化》，共有二十五篇，他告诉墨子说：『你有成仙的骨相，人

原 译

至汉武帝时，遣使者杨违，束帛加璧，以聘墨子，墨子不出。视其颜色，常如五十许人。周游五岳，不止一处。

又聪明，得到这些书，你就能修道成功，不需要再找老师指导。』墨子就下拜领受了。他按照书上的药方去炼制丹药，果然获得了效验。于是他把那几本书的要点摘录下来，合成一本书叫《五行记》。墨子后来成了地仙，隐居了起来，好躲避战国时期的战乱。

到汉武帝的时候，武帝派遣使者杨违，带着布帛和玉璧，去聘请墨子，但墨子不愿意出山。别人看到的墨子的容貌一直像五十几岁的人。他经常在五岳之间周游，也不常住一个地方。

天门子

原 译

天门子者，姓王名刚。尤明补养之要，故其经曰：『阳生立于寅，纯木之精；阴生立于申，纯金之精，夫以木投金，无往不伤，故阴能疲阳也。

『阴人所以著脂粉者，法金之白也。是以真人道士，莫不留心注意，精其微妙，审其盛衰。我行青龙，彼行白虎，取彼朱雀，煎我玄武，不死之道也。

『又阴人之情也，每急于求阳，然而外自戕抑，不肯请阳者，明金不为木屈也。阳性气刚燥，志节疏略，至于游宴，言和气柔，辞语卑下，明木之畏于金也。』

天门子，姓王名刚。他对用房中术补养的方法特别有研究，所以他写的经书里说：『男子生于寅，是五行中木的精华；女子生于申，是五行中金的精华。如果把木扔到金里去，就一定会受伤，所以女子会让男子疲惫不堪。

『女人之所以喜欢涂脂抹粉，是想效法金的白。所以修仙的真人和道士，都需要留心观察，对微妙的变化都要十分了解，并能做出盛衰的判断。男子是东方青龙之气，女子是西方白虎之气，取用对方身上的元阳，来炼制自身中的真阴，这才是能够长生不死的方法。

『另外，女子的性情是急于求取阳气的，但是她们表面上又掩饰压抑，不肯主动，是因为明白金性不能屈服于木性。男子性情急躁，心思比较粗陋，但是和女子在一起游乐的时候，说话却轻声细语，言语谦卑，是明白木气受金气制约。』

原 译

天门子既行此道，年二百八十岁，犹有童子之色。乃服珠醴，得仙入玄洲山去也。

天门子修行这个道术，活了二百八十岁，看上去还有着像少年一样的面容。他后来服用珠醴，成了神仙到玄洲山中去了。

玉子

玉子者，姓章名震，南郡人也。少好学众经，周幽王征之不出，乃叹曰：『人生世间，日失一日，去生转远，去死转近，而但贪富贵，不知养性命，人尽气绝，则死。位为王侯，金玉如山，何益于灰土乎？独有神仙度世，可以无穷耳。』乃师长桑子，具受众术，别造一家之法，著道书百余篇。

其术以务魁为主，而精于五行之意。演其微妙，以养性治病，消灾散祸。

能起飘风，发屋、折木，作雷雨云雾。

能以草芥、瓦石为六畜、龙、虎，立成。

玉子这个人姓章名震，是南郡人。

他年轻时喜欢学习各家经典，周幽王征召他出来做官，他没有答应，叹息道：『人来到世间，过一天少一天，离出生越来越远，离死亡越来越近，要是只贪求富贵，不知道保养性命，寿命到头时人一断气，就死了。就算贵为王侯，家中金玉财宝多得堆成山，对埋在尘土中的人来说又有什么用呢？只有修炼成仙，才能超脱凡尘，让生命无穷地存在下去。』于是他拜长桑子为师，学了他所有的道术，然后创造出了自己的一套方法，并写成道书，有几百篇文章。

他的道术以务魁术为主，对阴阳五行的含义非常精通。他通过对阴阳五行之间微妙关系的推演来养生治病，消灾解难。

他能作法起大风，把屋子吹倒、大树刮断，还能制造雷雨和云雾。

能分形为百千人，能涉江海。含水噴之，皆成珠玉，亦不变。

或时闭气不息，举之不起，推之不动，屈之不曲，伸之不直。或百日，数十日乃起。

每与子弟行，各丸泥为马与之，皆令闭目，须臾，成大马，乘之，日行千里。

又能吐气五色，起数百丈。见飞鸟过，指之即堕。临渊投符，召鱼鳖之属，悉来上岸。

能令弟子举眼见千里外物，亦不能久也。

其务魁时，以器盛水，著两肘之间，嘘之水上，立有赤光辉辉，起一

他还能用小草、瓦片、石块变成六畜和龙、虎等动物，瞬间就变出来。

他能分身成成百上千个人，还能穿越江河湖海。他含一口水喷出去，水一落地就马上变成珍珠美玉，而且不会再发生变化。

他有时坐地上闭气不呼吸，别人抬也抬不动他，推也推不动他，想把他身体弄弯曲也弯不了，想把他身体拉直也拉不直。就这样他有时要坐上百天，或者坐几十天才起身。

他每次跟弟子们出行，都用一粒泥丸捏成马给弟子们，让他们闭上眼睛，过了一会儿，泥巴做的马就变成了真的大马，大家骑着走，一天能跑一千多里。

他还能吐出五种颜色的气，并能升起几百丈高。他看见飞鸟从头顶飞过，用手一指，飞鸟就

原

丈。以此水治病，病在内，饮之；在外者，洗之，皆立愈。

后入崆峒山合丹，白日升天而去。

译

坠落下来。在深水边投下一道符，召唤鱼鳖之类，它们就都会上岸来。

他能让弟子们抬起眼睛看到几千里外的东西，但是维持不了太长时间。

他用务魁术的时候，用容器装满水，放在两肘之间，再对着水面慢慢地吹气，立刻就有一道红光闪闪发亮，升起一丈多高。他用这些水给人治病，如果疾病生在体内，就让病人喝下去；如果疾病生在体表，就用水给病人擦洗，病人都会立刻痊愈。

他后来进入崆峒山中炼制丹药，在白天飞升上天走了。

原 译

刘政

刘政者，沛人也。高才博物，学无不览。以为世之荣贵，乃须臾耳，不如学道，可得长生。

乃绝进取之路，求养生之术。勤寻异闻，不远千里，苟有胜己，虽奴客必师事之。复治《墨子五行记》，兼服朱英丸，年百八十余岁，色如童子。

能变化隐形，以一人分作百人，百人作千人，千人作万人。又能隐三军之众，使成一丛林木，亦能使成鸟兽。试取他人器物，易置其处，人不知觉。又能种五果，立使华实可食。坐致行厨，饭膳供数百人。又能吹气为风，飞砂扬石。以手指屋宇、山陵、壶器，便欲颓坏，复指之，即还如故。

又能化生美女之形，及作水火；又

刘政是沛国人。他博学多才，对各家的学说都有研究，觉得世上的荣华富贵，转瞬即逝，不如去学道，还能获得长生不老。

他于是放弃了做官升迁的道路，转而寻求养生的道术。他不远千里，到处搜集奇人异事的传闻，如果碰到在某件事上有比自己更懂的人，即使那人是个奴仆或门客，他也会把对方当老师对待。他又专门研究《墨子五行记》，同时服用朱英丸，到他一百八十多岁时，脸色还是像少年一样。

他能变身和隐身，一个人可以同时变成几百个人，几百个人再变成几千个人，几千人又变成上万人。他还能把军队隐藏起来，让他们变成一片树林，或者把他们变成一群飞鸟或走兽。他取走别人的东西，放到另外的地方，别人也察觉不到。他还能种下各种果实，并立刻就让它们发芽长成树木，并结出可以吃的果子。他还能凭空召来各种美食，饭菜

能一日之中，行数千里；能嘘水兴云，奋手起雾；聚土成山，刺地成渊；能忽老忽少，乍大乍小；入水不沾，步行水上，召江海中鱼、鳖、蛟龙、鼋、鼍，即皆登岸；又口吐五色之气，方广十里，直上连天；又能跃上，下去地数百丈。

后去，不知所在。

能供应上百人同时食用。他还能吹口气就变成大风，把大地吹得飞沙走石。他用手指一下房屋、高山或水壶等器具，那些东西就会坏掉，再指一下，它们就又还原成原来的样子。

他还能变化成美女，以及让东西起火或变来大水；他还能在一天之内，行走上千里的路；他能嘘气让水流动，让云飘行，挥挥衣袖就能让大地生起云雾；他能聚一堆土然后把它变成高山，刺一下地面就让被刺的地方变成深渊；他还能一会儿看起来很衰老，一会儿又看起来很年轻，身形一会儿变得很大，一会儿又变得很小；他到水里时身上不会被沾湿，又能在水面上行走，召唤江海里的鱼、鳖、蛟龙、鼋、鼍等，能让它们马上上岸；他还能从口中吐出五彩的气，覆盖周围十几里的范围，上面一直连到天空；他还能一下跳到离地几百丈高的地方。

后来他离家而去，也不知道去了哪里。

卷玖

神仙传

茅君

原 译

茅君者，幽州人，学道于齐，二十年，道成归家。父母见之，大怒曰：『汝不孝，不亲供养，寻求妖妄，流走四方。』欲笞之。

茅君长跪谢曰：『某受命上天，当应得道，事不两遂，违远供养，虽日多无益。今乃能使家门平安，父母寿考，其道已成，不可鞭辱，恐非小故。』父怒不已，操杖向之，适欲举杖，杖即摧成数十段，皆飞如弓激矢，中壁，壁穿，中柱，柱陷，父乃止。

茅君曰：『向所言，正虑如此邂逅中伤人耳。』父曰：『汝言得道，能起死人否？』茅君曰：『死人罪重恶积，不可得生，横伤短折，即可起耳。』父使为之，有验。

茅君是幽州人，他在齐地学道，过了二十年，才学成回家。父母看到他回来，十分生气，说：『你真不孝顺，家里的父母都不供养，却在外面四处流浪，寻求那些妖妄的东西。』就要杖打他。

茅君跪地道歉说：『我接受上天的使命，应该要得道的，但是事情不能让两方都满意，我违心离家远走学道，以致不能供养双亲，现在说再多也没用。但我现在能让家门平安，父母长寿，因为我已经学道成功，父母千万不能鞭打我，恐怕这不是一般的小罪过。』父亲听完气得发抖，拿着棍子就要打过来，刚想要举起木棍，那木棍就断成了几十截，它们像射出弓的箭一样射中墙壁的，把墙壁打穿，飞到柱子上的，嵌进了柱子里，父亲这才停手。

茅君说：『刚才所说的意思，就是怕像这样把人给误伤了。』他父亲说：『你说你得道了，能让死人复活吗？』茅君说：『死了的人要是因为罪孽

原 译

茅君弟在，仕至二千石，当之官，乡里送者数百人。茅君亦在座，乃曰：『余虽不作二千石，亦当有神灵之职，某月某日，当之官。』宾客皆曰：『愿奉送。』茅君曰：『顾肯送，诚君甚厚意，

深重，作恶太多，是不能让他们活过来的，要是受意外而早死的，则能让他们再活过来。』父亲就让他去试一下，果然有起效的。

茅君的弟弟在家，做官做到一年有二千石的俸禄。弟弟要去履职的时候，乡里来给他送行的有好几百人。茅君也在送行的宴会上坐着，就说：『我虽然没有做成俸禄两千石的官，但在神仙界有职位，某月某日，我也会去当官的。』在座的客人们都说：『到时也愿意送您一程。』茅君说：『愿意送我，诚然是你们的好意，只是到时空手过来就行，不要破费买什么东西，我会有招待你们的东西。』

到那一天，客人们果然都来了，于是办了一场很大的宴会。每桌都铺设青色的绢布，并罩有帐子，地面铺设白色的地毯，还有各种新奇的食物和果品，气味芳香，摆列在桌上。还有奏乐和跳舞的女子，

原 译

但当空来，不须有所损费，吾当有以供待之。』

至期，宾客并至，大作宴会。皆青缣帐幄，下铺重白毡，奇馔异果，芬芳罗列。妓女音乐，金石俱奏，声震天地，闻于数里。随从千余人，莫不醉饱。及迎官来，文官则朱衣素带，数百人；武官则甲兵旌旗，器杖耀日，结营数里。茅君与父母亲族辞别，乃登羽盖车而去。

麾幡蓊郁，骖虬驾虎，飞禽翔兽，跃覆其上，流云彩霞，霏霏绕其左右。去家十余里，忽然不见，远近为之立庙奉事之。茅君在帐中与人言语，其出入或发人马，或化为白鹤。

一时钟磬齐鸣，声音响动天地，几里外的人都能听到。当时来吃喝的有一千多人，都吃饱喝醉了。等迎接茅君的仙官来时，文官都穿着红色衣服，扎着白色腰带，有几百人；武官都穿着盔甲带着兵器，举着旗帜，各种兵器在太阳的照耀下，光彩夺目，队伍连起来有几里远。茅君于是跟父母和亲戚们告别，登上有羽毛盖头的车子走了。

众人看整个队伍有各种旗帜招展，其中有驾龙的，有骑虎的，还有飞禽和瑞兽等在队伍上空飞腾，流云和彩霞环绕在队伍左右。整个队伍离家十几里后，忽然就不见了，于是远近的老百姓都争着给茅君立庙祭祀他。茅君经常坐在帐子里跟人说话，他有时进出会有大队的人马跟随，有时只变成一只白鹤飞来飞去。

原

人有病者，往请福，常煮鸡子十枚，以内帐中，须臾，一一掷出远之。归破之，若其中黄者，病人当愈；若有土者，即不愈，常以此为候。

译

人们有病时，就去他的庙里祈求保佑，经常带来十个煮好的鸡蛋，放到帐子里去，过一会儿，鸡蛋会被一个个地扔出老远。人们回家后把鸡蛋切开，要是鸡蛋中只有蛋黄，说明那家的病人很快就会好；要是鸡蛋中有土，则说明那家病人不会好，老百姓经常用这个方法做出判断。

原 译

尹轨

尹轨者，字公度，太原人也。博学五经，尤明天文星气，《河》《洛》谶纬，无不精微。晚乃学道，常服黄精华，日三合，计年数百岁。其言天下盛衰安危吉凶，未尝不效。

腰佩漆竹筒十数枚，中皆有药，言可辟兵疫。常与人一丸，令佩之，会世大乱，乡里多罹其难，惟此家免厄。又大疫时，或得粒许大涂门，则一家不病。

弟子黄瑾，居陆浑山中，患虎暴。公度使其断木为柱，去家五里，四方各埋一柱。公度即印封之，虎即绝迹，到五里辄还。

有怪鸟止屋上者，以白公度，公度为书一符，著鸟所鸣处，至夕，鸟伏死符下。

尹轨，字公度，是太原人。他曾广泛深入学习五经，尤其精通占星望气之术，对用《河图》《洛书》进行谶纬的学术也很有研究。他到晚年才学习道术，经常服用黄精的花，每天吃三合，活了几百岁。他经常谈论天下的盛衰和国家的安危，没有不对的。

他腰里带着十几个漆竹筒，里面都有药，说是可以躲避战争和瘟疫。他曾经给一个人一丸药，让他随身佩戴，当时正好赶上天下大乱，那个人的家乡有很多百姓遭受灾难，只有他家没有什么事。又有一次瘟疫流行，有人得到他的几粒药，涂在大门上，结果那一家人都没有生病。

他的弟子黄瑾，在陆浑山中居住，老是被老虎骚扰。公度就让他砍一些木头做成木桩，在离家五里远的地方，四方各埋上一根木桩。公度就作法把木桩封印了起来，然后木桩围起来的范围内就没有老虎了，超过五里的地方，老虎的踪迹又出现了。

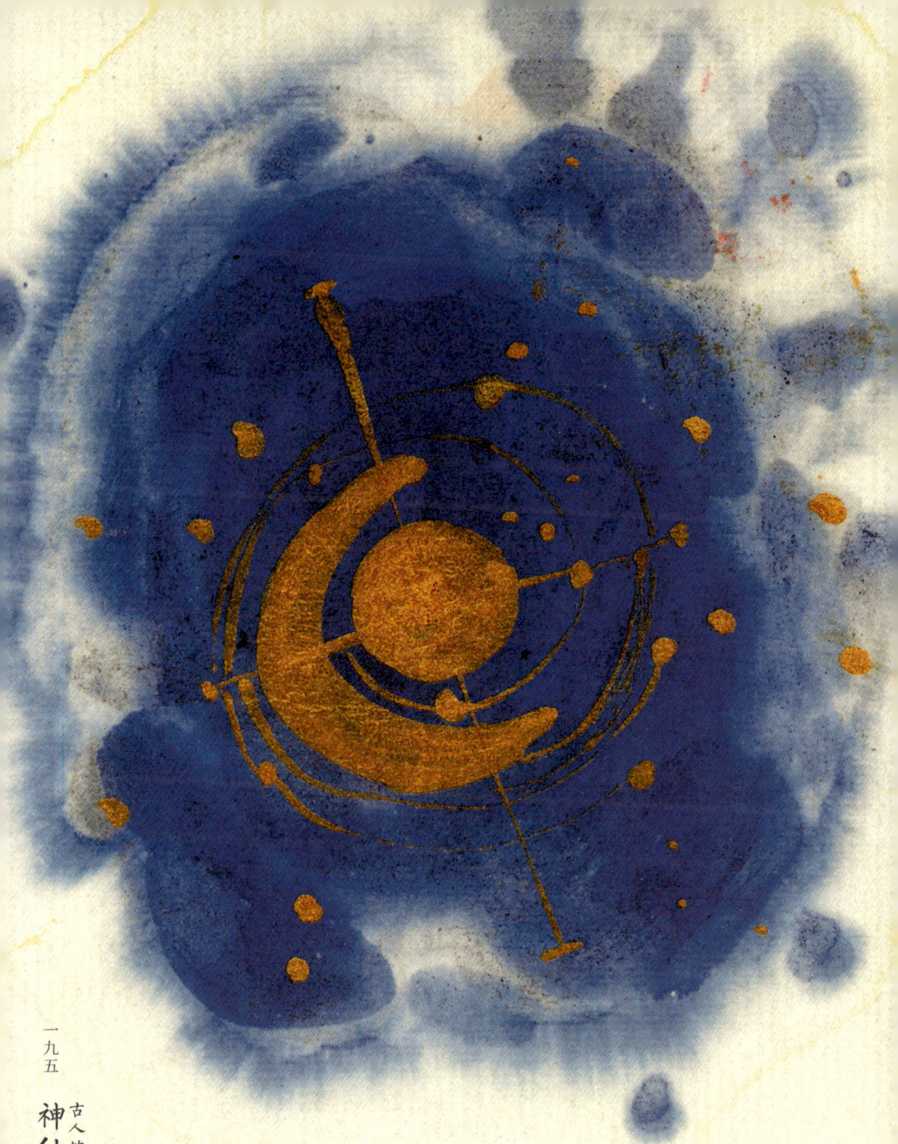

原 译

或有人遭丧当葬，而贫，汲汲无以办。公度过省之，孝子遂说其孤苦，公度为之怆然，令求一片铅，公度入荆山，架小屋，于炉火中销铅，以所带药如米大，投铅中，搅之，乃成好银。与之，告曰：『吾念汝贫困，不能营葬，故以拯救，慎勿多言也。』

有人负官钱百万，身见收缚，公度于富人借数千钱与之，令致锡，得百两，复销之以药方寸匕，投之成金，还官。

后到太和山中仙去也。

有家人的屋顶上停了一只怪鸟，那人来告诉公度，公度就给他画了一道符，放在那只鸟鸣叫的地方，到了傍晚，那只鸟就倒在符下死了。

有个人家里遭丧应该要埋葬，但是家里很穷，急得团团转也没法下葬。公度过去探望，那名孝子便向他说了自己的孤苦无助，公度听了很为他悲伤，就让他去找来一块铅，公度把铅块带到荆山，搭了个小屋，把铅块熔化在炉子里，然后把自己随身带的一颗米粒大小的药丸投入熔化的铅里，再搅拌一下，那块铅就变成了一块上好的银子，公度拿去给那个孝子，告诉他说：『我因为你贫困，不能给亲人安葬，所以才救济你一下，你不要多说什么。』

有个人欠官府几百万钱的债，被官府逮捕，公度就找个富人借了几千钱给他家，让他家人去买来锡块。于是家人买来了上百两锡块，公度就把锡块熔化并投进一方寸匕的药。药一投进去，那些锡就变成了黄金，那家人就用这些黄金还清了官府的债务。

尹轨后来到太和山中成仙走了。

成仙公

原 译

成仙公者，讳武丁，桂阳临武乌里人也。后汉时，年十三，身长七尺，为县小吏。有异姿，少言大度，不附人，人谓之痴。少有经学，不授于师，但有自然之性。

时先被使京，还过长沙郡，投邮舍不及，遂宿于野树下。忽闻树上人语云向长沙市药，平旦视之，乃二白鹤。仙公异之，遂往市，见二人，罩白伞，相从而行。先生遂呼之，设食，食讫便去，曾不顾谢。仙公乃随之，行数里，二人顾见仙公，语曰：『子有何求？而随不止。』仙公曰：『仆少出陋贱，闻君有济生之术，是以侍从耳。』二人相向而笑，遂出玉函，看素书，果有武丁姓名。于是与药二丸，令服之。二人语仙公曰：

成仙公，名叫武丁，是桂阳郡临武县乌里人。在后汉时，他十三岁，身高就有七尺了，在县里做一个小官。他为人处世与众不同，很少说话，胸怀开阔，从不趋炎附势，别人都说他有点痴。他年轻时研究经学，没有经过老师教授，但是天生就能懂。

一次他被派往京师，回来的路上经过长沙郡，因为太晚没能到邮舍住宿，只好在旷野的大树下露宿。夜晚突然听到树上有人说去长沙卖药，早晨天亮一看，树上是两只白鹤。成仙公很是惊异，于是也往市集上走，路上看到两个人，打着白色的伞，一前一后走着。先生于是喊住他们，给他们摆上吃的，那两人吃完就走了，也不答谢。成仙公就跟着他们，走了好几里路，二人回头看到成仙公，对他说：『你有什么要求？这么一路不停地跟着我们。』成仙公说：『我出生卑微，听

原 译

『君当得地仙。』遂令还家。明照万物，兽声鸟鸣，悉能解之。

仙公到家后，县使送饷府君。府君周昕，有知人之鉴。见仙公呼曰：『汝何姓名也？』对曰：『姓成名武丁，县司小吏。』府君异之，乃留在左右，久之，署为文学主簿。

说你们有救济苍生的道术，所以才跟从你们。』那两人相视一笑，于是拿出一本玉函，翻看里面的素书，上面果然有武丁的姓名。于是他们就给成仙公两丸药，让他吃了。二人对他说：『你将来能修成地仙。』然后就让他回家去。成仙公回家后，突然就能明察世间万物的道理，那些鸟兽的鸣叫，他也能懂得是什么意思。

成仙公回到家后，县里让他送饷银去府君那里。府君叫周昕，具有看出别人品行和才能的眼力。他看见仙公就大声问：『你叫什么名字？』仙公回答：『我姓成名武丁，是县衙里的小官吏。』府君很惊异，就把他留在了身边，时间一久，又让他做了文学主簿。

有次成仙公与众人坐在一起，他听到一群鸟雀在鸣叫就笑了。众人问他为什么笑，他回答说：

尝与众共坐，闻群雀鸣而笑之。众问其故，答曰：『市东车翻，覆米，群雀相呼往食。』遣视之，信然也。

时郡中寮吏豪族，皆怪不应引寒小之人以乱职位。府君曰：『此非卿辈所知也。』经旬日，乃与仙公居阁直。

至年初元会之日，三百余人，令仙公行酒。酒巡遍讫，先生忽以杯酒向东南噀之，众客愕然，怪之。府君曰：『必有所以。』因问其故。先生曰：『临武县火，以此救之。』众客皆笑。明日司仪上事，称武丁不敬，即遣使往临武县验之。县人张济上书，称元日庆集饮酒，晡时火忽延烧厅事，从西北起，时天气清澄，南风极烈，见阵云自西北直耸而

『市集东边的车子翻了，米都掉到了地上，鸟雀们相互呼唤着要一起去吃。』于是大家派人去查看，果然跟他说的一样。

当时郡城中的官员和当地豪强，都怪府君不应该让这个出身低微的人在郡城里做官，把身份等级都搞乱了。府君说：『这不是你们这些人能懂的。』又过了十几天，府君就让他升迁做了阁直。

在新年元会那一天的宴会上，有三百多人参加，府君让仙公去给他们行酒。行酒结束，先生忽然把酒杯向东南方向泼了出去，众人都很惊讶，怪他无礼。府君说：『一定有什么原因。』于是就问他什么缘故。先生说：『临武县里起火了，我用酒去救一下。』众人听了都笑了。第二天司仪来报告，说武丁不尊重礼仪，府君就派遣人去临武县验证一下昨天发生的事。正好临武县人张济上书过来，说元

原

上，径止县，大雨，火即灭，雨中皆有酒气。众疑异之，乃知仙公盖非凡人也。

后府君令仙公出郡城西立宅居止，只有母、一小弟及两小儿。比及二年，仙公告病，四宿而殒，府君自临殡之。

经两日，犹未成服，仙公友人从临武来，于武昌冈上逢仙公，乘白骡西行。友人问曰：『日将暮，何所之也？』答曰：『暂往迷溪，斯须却返，我去向来，忘大刀在户侧，履在鸡栖上，可过语家人收之。』友人至其家，闻哭声，大惊曰：『吾向来往于武昌冈逢之，共语云「暂至迷溪，斯须当返，令过语家人，收刀并履。」何得尔乎？』其家人云：『刀履并入棺中，那应在外？』即以此事往

译

旦日大家集会庆祝喝酒，晡时突然起火烧了衙门的大厅，火从西北烧起来，当时天气晴朗，刮着很大的南风，他们就看见有一阵云从西北方向升起来，直接停在了县里，接着就下大雨，火就灭了，雨中还有酒的气味。众人听说后，都很疑惑惊讶，才知道成仙公大概不是凡人。

后来府君让成仙公在郡城的西边建房子居住，他和母亲、一个年轻的弟弟及两个孩子一起住。到了第二年，成仙公向府君报告说自己生病了，四天后就死了，于是府君亲自过来为他举行葬礼。

过了两天，成仙公的亲属们还没穿上丧葬的衣服，他的朋友从临武县过来，在武昌冈上碰到仙公，骑着一匹白色的骡子往西走。朋友问他：『太阳就要落山了，你要到哪里去？』他回答：『我临时去一趟迷溪，一会儿就回来，我走的时候，忘

原 译

启府君，府君遂令发棺视之，不复见尸，棺中唯一青竹杖，长七尺许，方知先生托形仙去。

时人谓先生乘骡于武昌冈，乃改为骡冈，在郡西十里也。

了把放在家门边的大刀，还有放在鸡笼上的鞋子收起来了，你可以路过告诉我家人，让他们收一下。』他朋友到他家，听到一片哭声，大吃一惊，说：『我刚从武昌冈来还碰到他，跟我说去迷溪一趟，一会儿就回来，让我路过他家时对他家人说，收一下大刀和鞋子。怎么一下成这样子了呢？』他家人说：『刀和鞋都放到棺材里了，哪里还在外面？』家人就跑去把这件事告诉了府君，府君就下令把成仙公的棺材打开来看，发现尸体不见了，棺材中只剩下一根青竹竿，有七尺多长，才知道他用竹子假托形体，真人成仙走了。

当时的人因为成仙公骑着骡子出现在武昌冈，就把武昌冈改名叫骡冈，位置就在郡城西边约十里的地方。

郭璞

原 译

郭璞，字景纯，河东人也。周识博闻，有出世之道。鉴天文地理、龟书龙图、爻象谶纬、安墓卜宅，莫不穷微，善测人鬼之情状。李洪范、林明道，论景纯善于遥寄，缀文之士，皆同宗之。

晋中兴，王导受其成旨，以建国社稷，璞尽规矩制度。仰范太微星辰，俯则《河》《洛》《黄图》。夫帝王之作，必有天人之助者矣。

王敦镇南州，欲谋大逆，乃召璞为佐。时明帝年十五，一夕，集朝士，问太史：『王敦果得天下邪？』史臣曰：『王敦致天子，非能得天下。』明帝遂单骑微行，直入姑熟城。敦正与璞食，璞久之，不白敦，敦惊曰：『吾今同议

郭璞，字景纯，是河东人。他学识渊博，有出离世间而成仙的道术。他对天文地理、《河图》《洛书》、八卦谶纬、安墓选宅等学问都研究得很透彻，他还能探知人间和鬼神界的事情。

李洪范、林明道，说郭璞善于作追慕神仙的诗文，那些爱好写作的人，一起把他作为效仿的榜样。

晋朝中兴的时候，王导承接皇帝的旨意，重新建立国家，于是委派郭璞去制定规章制度。他参考天上的星辰，还有《河图》《洛书》及《三辅黄图》等，设计出了全新的典章制度。一代帝王要兴起，上天必定要派人来辅助他。

王敦镇守南州，想要造反，就把郭璞召来辅佐自己。当时晋明帝十五岁，一天傍晚，他召集大臣们，问太史：『王敦会得到天下吗？』史官说：『王敦想要挟持天子，不能得到天下。』晋

原译

定大计，卿何不即言？』璞曰：『向见日月星辰之精灵，五岳四海之神祇，皆为道从翼卫，下官震悸失守，不即得白将军。』敦使闻，谓是小奚戏马，检定非也。

遣三十骑追，不及，敦曰：『吾昨夜梦在石头城外江中，扶犁而耕，占之。』璞曰：『大江扶犁耕，亦自不成反，反亦无所成。』敦怒谓璞曰：『卿命尽几何？』璞曰：『下官命尽今日。』敦诛璞。

江水暴上市，璞尸出城南坑，见璞家载棺器及送终之具，已在坑侧。两松树间上，有鹊巢，璞逆报家书所言也。

明帝就一个人换上便衣骑马出来，直接进入姑熟城。当时王敦正和郭璞一起吃饭，很长一段时间，郭璞不和王敦说话，王敦生气地说：『我现在跟你商议大事，你怎么不马上谈谈呢？』郭璞说：『我刚才看到日月星辰的精灵，还有五岳四海的神明，都护卫着一个人进了姑熟城，我很震惊以至于走神了，所以没有马上跟将军说话。』王敦派人去打听，说是有一个小男仆在骑马游戏，已经检查不是晋明帝。

王敦又派遣了三十个骑兵去追赶，但是没追上，王敦说：『我昨晚梦到自己在石头城外的江中，扶着犁在耕地，你帮我占卜一下。』郭璞说：『大江中扶着犁耕地，意思是你不能反，造反了也不会成功，』王敦大怒，对郭璞说：『你能算出自己什么时候死吗？』郭璞：『我今天就会死。』于是王敦就把郭璞杀了。

郭璞死后，江里的水突然涨到街道上，郭璞的

原 译

谓伍佰曰：『吾年十三时，于栅塘脱袍与汝，吾命应在汝手中，可用吾刀。』伍佰感昔念惠，衔涕行法。

殡后三日，南州市人，见璞货其平生服饰，与相识共语，非但一人。敦不信，开棺无尸，璞得兵解之道，今为水仙伯。注《山海经》《夏小正》《尔雅》《方言》，著《游仙诗》《江赋》《卜繇》《客傲》《洞林》云。

尸体随波漂到了城南的一个水坑里，就见郭璞的家人拉着棺材和办葬礼的器具已经在水坑边等着了。水坑边两棵松树上有一个喜鹊窝，这是郭璞给家人提前报信告诉他们要来的地方。

郭璞临死的时候，对行刑人说：『我十三岁的时候在栅塘曾经脱了一件袍子给你穿，我注定在你手里丧命，请你用我的刀。』行刑人被他往日的恩惠所感动，含着泪执行了刑罚。

郭璞被埋葬后三天，有南州集市上的人，见郭璞在卖他平生所穿的衣服，还跟认识的人打招呼，不止一个人跟他说过话。王敦不相信，就打开他的棺材看，果然没有看到尸体，这是郭璞通过兵解而得道成仙了，如今他为水仙伯。郭璞曾经给《山海经》《夏小正》《尔雅》《方言》作过注，著有《游仙诗》《江赋》《卜繇》《客傲》《洞林》等作品。

尹思

原译

尹思者，字小龙，安定人也。

晋元康五年正月十五夜，坐屋中，遣儿视月中有异物否，儿曰：『今年当大水，中有一人，被蓑带剑。』思自视之曰：『将有乱卒至。』儿曰：『何以知之？』曰：『月中人，乃带甲杖矛，当大乱三十年，复当小清耳。』后果如其言。

尹思，字小龙，安定郡人。

他在晋元康五年正月十五日的晚上，坐在屋子里，让他的儿子去看看月亮里是不是有怪异的东西，他儿子回来说：『今年应该会发大水，月亮中有一个人，披着蓑衣，带着剑。』尹思盯着儿子说：『要有乱兵来了。』儿子说：『您怎么知道的？』他说：『月亮里的人，其实是穿着盔甲拿着长矛，预示天下将会有近三十年的大乱，然后才会又有一段太平日子。』后来发生的事跟他说的丝毫不差。

卷拾

神仙传

原 译

沈文泰 附李文渊

沈文泰者，九嶷人也。得红泉神丹，去土符延年益命之道，服之有效。欲之昆仑，留安息二十余年，以传李文渊曰：『土符却不去，服药行道无益也。』文渊遂受秘要，后亦升仙。今以竹根汁煮丹，及黄白去三尸法，出此二人矣。

沈文泰是湖南九嶷山人。他得到红泉神丹的制作方法，还有除去土符延长生命的道术，他施行后十分有效。

他想去昆仑山，于是先待在安息国二十多年，把道术都传给了李文渊，对他说：『土符不除掉，服食丹药修炼道术就都没有用。』李文渊学了他的修道秘诀，后来也升天成仙了。

现在用竹根汁煮制丹药的方法，还有用金银去除三尸的方法，都出自这两人。

涉正

原 译

涉正，字玄真，巴东人也。说秦始皇时事，了了似及见者。汉末，从二十弟子入吴。

莫有见其开目者，有一弟子，固请之，正乃为开目。目开时，有音如霹雳，而光如电照于室宇。弟子皆不觉顿伏，良久乃能起，正已复还闭目。

正道成，莫见其所服食施行，而授诸弟子皆以行气，绝房室，及服石脑小丹云。

涉正，字玄真，巴东人。他跟人说起秦始皇时候的事，就像亲眼看见过一样。汉代末年，他带着二十个弟子进入吴地。

没有人见过涉正睁开眼睛，有一个弟子，一再请求他开一次眼，涉正就答应为他们开一次。他把眼睛睁开时，突然出现霹雳之声，屋子里也出现一道电光，把整个屋子照得通亮。弟子们吓得不自觉地趴到了地上，过了好久才起身，涉正已经恢复了闭目的状态。

涉正修道成功了，但人们也没看见他服食过什么东西，他传授给弟子们的就是行气法，要他们断绝房室生活，并且服用石脑炼制的小丹药。

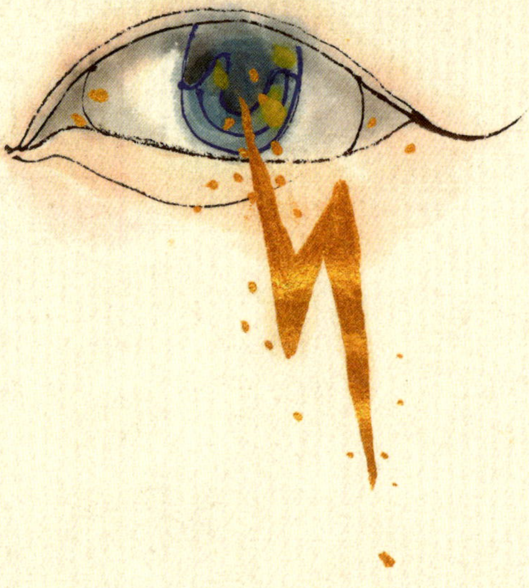

北极子

原 译

北极子，姓阴，名恒，其《经》曰：『治身之道，爱神为宝，养性之术，死入生出，常能行之，与天相毕。因生求生，真生矣。以铁治铁之谓真，以人治人之谓神。』

后服神丹仙去。

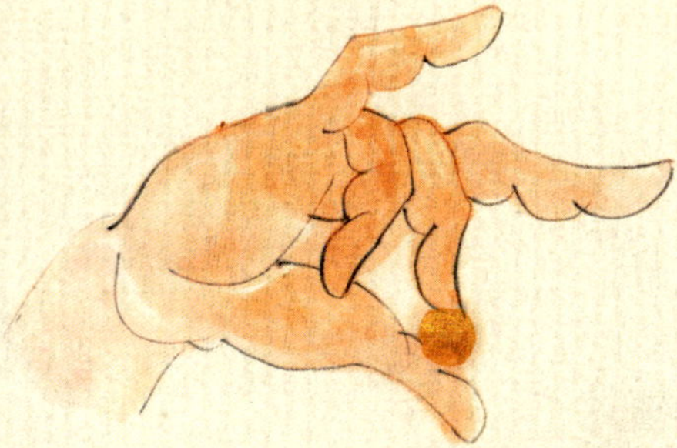

北极子，姓阴，名恒，他的《经》书说：『修身的道理，应以爱神最为重要，养生的方法虽多，但首先要知道神在死后会消逝，只有人活着才能发生功用，所以要是能经常施行养生之术，则寿命会与天地共长久。用生命之神来求得长生，才是真正长生的方法。就像用铁来打造铁器才能得到真正的铁器，用人本来具有的东西来修炼生命才是真正的修炼。』

他后来服用神丹成仙走了。

李修

原 译

绝洞子，姓李，名修。其《经》曰：『弱能制强，阴能弊阳，常若临深履危，御奔乘驾，长生之道也。』年四百余岁，颜色不衰，著书四十篇，名曰《道源》。服还丹升天也。

绝洞子，姓李名修。他写的《经》书上说：『柔弱能够克制刚强，阴能败阳，在行房中之事时，要能时刻保持如临深渊、如履薄冰的警觉心，如此御女，就是长生不老之道了。』他年纪四百多岁时，面容还不衰老，写了四十篇文章，集名叫《道源》。后来他服用还丹升天走了。

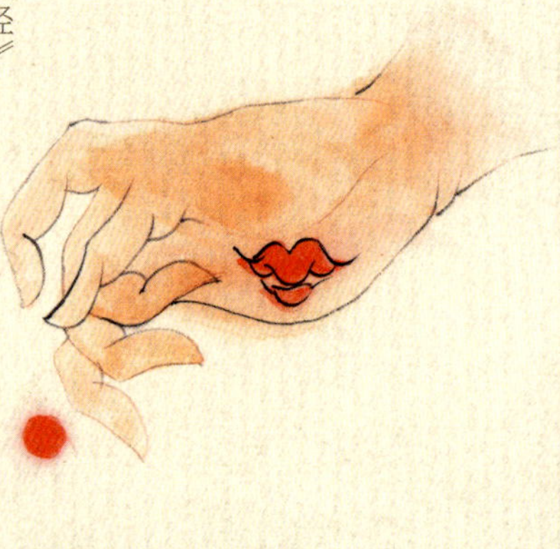

柳融

原　译

南极子，姓柳名融。能含粉成鸡子，吐之，数十枚。煮而啖之，与鸡子无异，黄中皆余粉少许，如指端者。

取杯咒之，即成龟，煮之可食，肠藏皆具。而杯成龟壳，煮取肉，则壳还成杯矣。

取水咒之，即成美酒，饮之醉人。

举手即成大树，人或折其细枝，以刺屋间，连日犹在，以渐萎坏，与真木无异也。

服云霜丹，得仙去。

南极子，姓柳名融。他能含一口面粉使其变成鸡蛋，吐出来有数十枚。煮熟后食用味道与鸡蛋无异，蛋黄中都会遗留少许面粉，如指尖般大小。

他取来一个杯子对其施咒，杯子立即变成了乌龟，煮熟后可以食用，龟肠和内脏皆在。而杯子变成了龟壳，取龟肉煮后龟壳又变回了杯子。

他取来水施咒，水立即变为美酒，饮用可醉人。

他举手即可变出大树，人如果折取树的细枝插在屋间，树枝好几日都会在，而后慢慢枯萎，与真树没有区别。

他服用云霜丹，成仙而去。

原译

葛越

黄卢子，姓葛名越，甚能治病，千里寄姓名与治之，皆愈，不必见病人身也。善气禁之道，禁虎狼百虫，皆不得动，飞鸟不得去，水为逆流一里。

年二百八十岁，力举千钧，行及走马。头上常有五色气，高丈余。天下大旱时，能到渊中召龙出，催促，便升天，使作雨，数数如此。

一旦，与亲故别，乘龙而去，遂不复还。

黄卢子，姓葛名越，他很会治病，把千里之外的病人姓名告诉他，让他治疗，都能治好，不需要见到病人本人。他会禁气的道术，对虎狼百兽施禁术时，让它们都不能动，飞鸟也飞不走，河水则会逆流而上一里远。

他二百八十岁时，还能举起千钧重的东西，走起路来像奔跑的马那么快。他头顶上经常有五彩的气，有一丈多高。遇到天下大旱，他能从深渊里召唤出龙，催促一下，那龙就飞升到天上，令龙下雨，每次都这样。

一天早晨，他跟亲人好友告别，乘着龙飞走了，就再也没有回来。

陈永伯

附增族

原　译

陈永伯者，南阳人也，得淮南王七星散方，试按合服之，二十一日，忽然不知所在。

永伯有兄子，名增族，年十七，亦服之，其父系其足，密闭户中，昼夜使人守视之，二十八日，亦复不见，不知所之。

本方云：『服之三十日，得仙。』陈氏二子，服未三十日，而失所在，后人不敢服。

仙去必有仙官来迎，但人不见之耳。

陈永伯是河南南阳人，他得到了淮南王刘安的七星散方，就试着按照方子所说的配药服用，过了二十一天，忽然就不见了。

陈永伯的哥哥有个儿子，叫陈增族，当时十七岁，也要服用那个药，于是他的父亲就把他的脚拴住，关在一个密闭的屋子里，白天黑夜都派人看守着他，等到他吃药的第二十八天，人也不见了，不知道去了哪里。

那个方子里说：『服用三十天，就可以成仙。』陈家两个孩子，都没有服到三十天，就不见了，于是后人就不敢再服用了。

成仙而去的人必定有仙官来迎接，只是凡人看不见罢了。

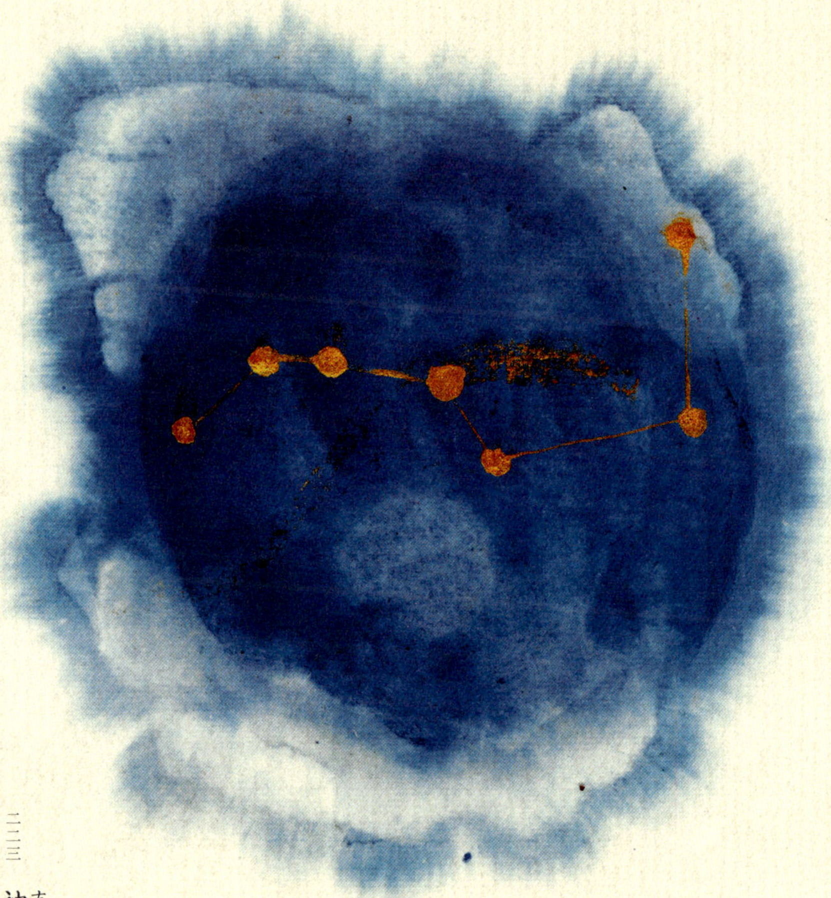

董仲君

原 译

董仲君者，临淮人也，少行气炼形，年百余岁不老。尝见诬系狱，佯死，臭烂生虫，狱家举出而后复生，尸解而去。

董仲君是临淮郡人，他年轻时练习行气养形之术，到一百多岁了还不衰老。

他曾经遭人诬陷，被关进了监狱，他就假装死了，尸体发臭腐烂生出虫子来，管监狱的人把他抬出来后又活了过来，他最后尸解成仙走了。

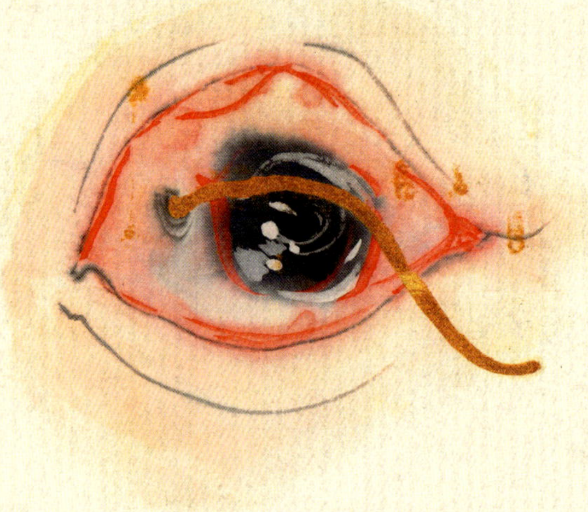

王仲都

原

王仲都，汉人也，一云道士，学道于梁山，遇太白真人，授以虹丹，能御寒暑，已二百许年。

汉元帝召至京师，试其方术。尝以严冬之月，从帝出游，令仲都单衣乘驷马车，于上林昆明池，环水驰走。帝御狐裘，而犹觉寒，仲都貌无变色，背上气蒸休休然。又当盛夏，曝之日中，围以十垆火，口不称热，身不流汗，后亦仙去。

桓君山著《新论》，称其人。

译

王仲都是汉代人，有人说他是道士，在梁山学道术，遇到太白真人，传授他虹丹法，学成后能抵御寒暑的变化，已经在世近两百年了。

汉元帝把他召到京师，想试验他的方术。就在严寒的冬天，让他跟着自己一起出游，命令他只穿着单衣乘坐在四匹马拉着的车子上，在上林苑的昆明池周围绕着昆明池奔跑。汉元帝穿着狐皮大衣，还觉得很冷，仲都却面不改色，后背甚至热气腾腾。又在大夏天的时候，让他到太阳底下暴晒，在周围围上十个带火的火炉，他也不说热，身上也不出汗，后来他成仙走了。

桓谭所写的《新论》里，曾提到这个人。

刘京

原　译

刘京者，本汉文帝时侍郎也，从邯郸张君学道，受饵云母、朱英方服之，百三十余岁，视之，如三十许人。

能知吉凶之期，又能为人祭天益命，或延得十年五年。至魏武帝时，京游诸弟子家，皇甫隆闻而随事之。以云母、丸子方教隆，隆合服之，得三百岁，不能尽其道法，故不得度世。又有王公，于京处得九子丸，时王公已七十岁，服之，御八十妾，生二十儿。骑马猎行，日二百里，饮酒一斛不醉，得寿二百岁。

刘京，本来是汉文帝时的侍郎，他跟邯郸的张君学道术，被传授服用云母和朱英的方法，活了一百三十多岁，但是看上去，像三十几岁的人。

他能预知发生好事或坏事的日期，还能为别人祭祀天地而延长寿命，有的能延长十年，有的能延长五年。到魏武帝曹操的时候，刘京去各处弟子家游历，敦煌太守皇甫隆听说后，就跟随并师事于他。他教给皇甫隆食用云母和朱英丸的配方，皇甫隆炼制好后服用，活了三百岁，但因为他不能完全施行刘京的道术，所以没能成仙。还有个王公，在刘京那里得到了名为九子丸的方子，当时他已经七十岁了，但配药服用后，又和八十个小妾同房，生了二十个子女。他还能骑马打猎，一天走两百里路，饮一斛酒都不醉，获得了两百岁的寿命。

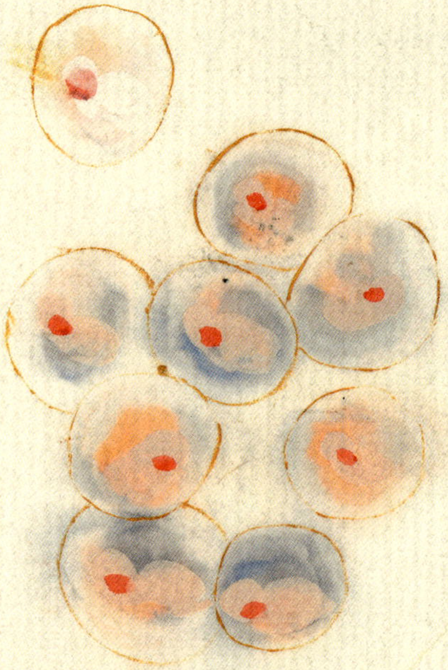

清平吉

原 译

清平吉，沛国人，汉高皇帝时卫卒也，至光武时，容色不老，后尸解去。百余年，复还乡里，数日间，又尸解而去。

清平吉是沛国人，他是汉高皇帝刘邦的卫兵，到东汉光武帝刘秀时，依然相貌不衰老，后来尸解走了。一百多年后，他又再次回到家乡，几天后，又尸解走了。

黄山君

原 译

黄山君者，修彭祖之术，年数百岁，犹有少容。亦治地仙，不取飞升。

彭祖既去，乃追论其言，为《彭祖经》。得《彭祖经》者，便为木中之松柏也。

黄山君，他修行彭祖的道术，年龄已经有数百岁了，看起来却还是很年轻的样子。他修成了地仙，不愿飞升上天。

彭祖离开后，他记述下彭祖说的话，编成《彭祖经》一书。能领略《彭祖经》精髓的人，就能做到像树木中的松树和柏树一样长寿了。

灵寿光

原 译

灵寿光者，扶风人也。年七十余，而得朱英丸方，合而服之，致得其效，转更少壮，年如二十时。

汉献帝建安元年，光已二百二十岁，常寄寓于江陵胡田家，无疾而卒，田殡埋之。百余日，人复见在小黄寄书与田，田得书，掘发棺，视之，中一无所有，钉亦不脱，唯履在棺中。

灵寿光是陕西扶风人。他七十多岁时，得到了朱英丸方，配制后服用，获得了效果，变得更加年轻强壮，像二十岁时的样子。

汉献帝建安元年，他已经二百二十岁了，经常寄居在江陵胡田家，后来无疾而终，胡田就把他埋葬了。过了一百多天后，人们又在小黄看到他，他还寄信给胡田，胡田收到信后，把他的棺材挖了出来，打开看时，里面没有尸体，棺材钉也没有脱落的痕迹，只有他的鞋还在棺材里。

黄敬

原 译

黄敬，字伯严，武陵人也。少读诵经书，仕州，为部从事。后弃世，学道于霍山，八十余年，复入中岳，专行服气断谷，为吞吐之事，胎息内视。召六甲、玉女，吞阴阳符，又思赤星在洞房前，转大如火周身。至二百岁，转还少壮。

道士王紫阳，数往见之，求要言，敬告紫阳曰：『吾不修服药之道，但守自然，盖地仙耳，何足诘问，新野阴君，神丹升天之法，此真大道之极也，子可从之。人能除遣嗜欲如我者，亦可以学我所为也。』

紫阳固请不止，敬告紫阳曰：

黄敬，字伯严，武陵人。他年轻时诵读儒家经典，在州里做官，任职部从事。后来放弃世事，在霍山学道，学了八十多年，又来到中岳嵩山，专门练习服气术和辟谷术，以及呼吸吐纳法，还有静坐胎息内视法。他能召六甲神和仙女，吞阴阳符召神劾鬼、驱邪镇魔，他有时静坐，想象一颗红色的星在头顶之上，然后慢慢变大，像一团火一样包围着全身。这样一直修行到二百岁时，他变得像年轻人一样强壮。

有个道士叫王紫阳，多次去拜见他，向他求教修道的要诀，他郑重地对紫阳说：『我不修炼服用丹药的道术，只是静守自然之道，只能算地仙，不值得你一再追问，新野的阴君，他有神丹升天成仙的方法，那才是最高的仙道，你可以去师从他。要是有人能像我一样把自身的嗜欲都清除掉，那他也可以学我的修行做法。』

原 译

『大关之中有辅星，想而见之翕习成，赤童在焉指朱庭，指而摇之，炼身形消，遣三尸，除死名。审能守之可长生，失之不久沦幽冥。』紫阳受之，得长生之道也。

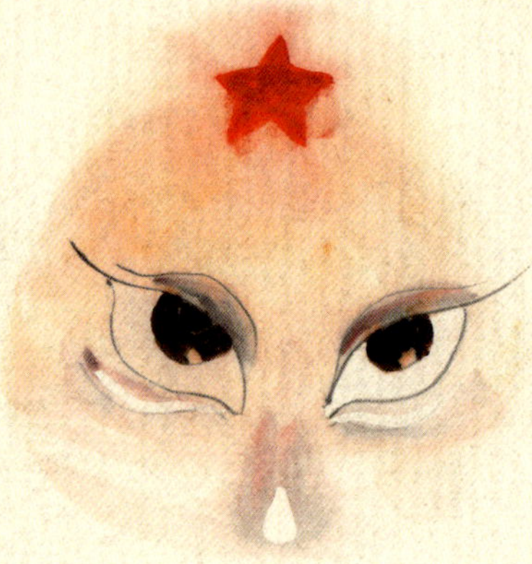

紫阳一再向他请求，他只好郑重地对紫阳说：『修道进入关键的时候，会看到辅星出现，紧守住并慢慢向它聚拢就能使它越来越明亮，有一个穿着红色衣服的小孩在红色的房间中指挥着，顺着他的指点去改变自身的意念，时间久了，就能消去形体，除去身内的三尸，名字就永远不会出现在死亡的名单上。要是能守住这个就能长生不老，守不住的话，过不了多久，就会堕落到阴间去。』王紫阳学到了他的方法，获得了长生不老的道术。

原 译

甘始

甘始者，太原人也，善行气，不饮食。又服天门冬，行房中之事，依容成、玄素之法，更演益之，为一卷，用之甚有近效。

治病不用针灸汤药，在世百余岁，乃入王屋山仙去。

甘始是太原人，他擅长行气术，可以不吃不喝。他又服食天门冬，练习房中术，在容成子和玄女、素女的方法基础上，又对房中术进行了补充完善，编成一卷书，按他的方法应用，短期十分见效，

他治病不用针灸和汤药，在世间活了一百多岁，后来进入王屋山成仙走了。

平仲节

原

括苍山有学道者平仲节，河中人。以大胡乱中国时谓刘渊、刘聪也来，渡江入括苍山，受师宋君，存心境之道，具百神，行洞房事，如此积四十五年，中有精思，身形更少，体有真气。

晋穆帝永和元年五月一日，中央黄老君遣迎，即日乘云驾龙，白日升天，今在沧浪云台。

注

译

括苍山有个学道的人叫平仲节，是河中人。他在五胡乱华时（刘渊、刘聪当政时）来到中原，渡过长江后在括苍山落脚，拜宋君为师，修炼存心守静的道术，渐渐身中百神皆备，然后又专心房中的修行，这样连续不断有四十五年，获得了很高的精思功夫，身体也变得更年轻了，体内常有真气鼓荡。

晋穆帝永和元年五月一日，天宫的中央黄老君派遣使者来迎接他，当时他就乘着云驾着龙，白天升天而去，他升天的地点就在现在的沧浪云台那里。

原 译

宫嵩

宫嵩者，琅琊人也，有文才，著书百余卷，师事仙人干吉。

汉元帝时，嵩随吉于曲阳泉上，遇天仙，授吉青缣朱字《太平经》十部。吉行之得道，以付嵩。

后上此书，书多论阴阳否泰灾眚之事。有天道地道人道，云治国者用之，可以长生，此其旨也。

嵩服云母，数百岁有童子之色，后出入纻屿山仙去。

宫嵩是琅琊人，他很有才华，写的书有一百多卷，后来师从仙人干吉。

汉元帝时，宫嵩跟随干吉去曲阳县的泉水边，遇到了天仙，天仙传授干吉在青绢布上用红字写的《太平经》十部。干吉按照其中的方法修行得了道，后来就把《太平经》交付给了宫嵩。

宫嵩后来把这本书献给皇上，书中都是讲述阴阳五行、人世通塞和祛灾避祸之事。还有关于天道、地道、人道的内容，说这书可以给治国的人使用，可以用它修行长生不老，这是他献书的目的。

宫嵩服食云母，几百岁了还有着少年一样的容貌，他后来进入纻屿山成仙走了。

原 译

王真

王真，字叔经，上党人也，年七十九，乃学道行胎息之术，断谷三十余年，容少而色美，行及走马，力兼数人。

魏武帝闻之，召相见，似三十许人，意疑其诈，遂验问其乡里，皆异口同辞，多自儿童时见之者。

真年已四百岁矣，武帝乃信其道，甚加钦礼焉。郄元节事真十余年，真以蒸丹小饵法授之，容常不衰。

后登女几山仙去。

王真，字叔经，山西上党人，他七十九岁时，开始学习道术，练习胎息的方法，并辟谷三十多年，然后面容变得年轻且有光泽，走起路来像奔跑的马一样有力，力气也比好几个人都大。

曹操听说后，就召见他，看他像三十几岁的人，心里怀疑他欺骗自己，就派人去他的家乡询问，他的同乡都众口一词，说从小就见他这样。

王真实际年龄已经四百岁了，曹操才相信他有道术，对他特别尊重礼待。郄元节师从王真十几年，王真告诉他蒸丹服食的方法，于是郄元节的面容也一直不衰老。

王真后来登上女几山成仙走了。

东郭延

原 译

东郭延者，山阳人，服云散，能夜书，有数十人乘虎豹来迎，比邻尽见之。与亲友辞别而去，云诣昆仑山。

东郭延是山阳人，他服用云散后，能在晚上写字，有几十个人乘着老虎、豹子等猛兽来迎接他，他的邻居都看到了。他跟亲朋好友告别后就走了，说是到昆仑山去了。

戴孟

原 译

戴孟，本姓燕，名济，字仲微，汉明帝时人也。入华山及武当山，受裴君《玉佩金珰经》，及受《石精金光符》，复有《太微黄书》，能周游名山。

戴孟，本来姓燕，名济，字仲微，他是汉明帝时候的人。他去华山和武当山修道，得到了裴君的《玉佩金珰经》以及《石精金光符》，还有《太微黄书》，他能在名山大川之间任意游走。

鲁女生

原 译

鲁女生，长乐人，初，饵胡麻及术，绝谷八十余年，益少壮，色如桃花，日能行三百里，走及獐鹿，传世见之。

云三百余年后，采药嵩高山，见一女人，曰：『我三天太上侍官也。』以《五岳真形》与之，并告其施行，女生道成。

一旦，与知友故人别，云入华山去，后五十年，先相识者，逢女生华山庙前，乘白鹿，从玉女三十人，并令谢其乡里故人。

鲁女生是长乐国人，她起初服食胡麻和白术，辟谷八十多年，变得越来越年轻，脸色像桃花一样娇艳，一天能走三百里路，比獐和鹿跑得都快，好几代人都见过她。

传说三百多年后，她在嵩山采药，看到一个女人，对她说：『我是三天之上太上的侍从官。』然后传授给她《五岳真形图》，并告诉她怎么修炼，于是鲁女生就修道成功了。

一天早晨，她跟朋友和熟人告别，说是去华山，后来又过了五十年，有以前认识她的人，在华山庙前碰到她，看见她乘一头白鹿，有三十个仙女跟随她，鲁女生让那人回去后向家乡的熟人问候致谢。

陈子皇

原　译

陈子皇，得饵术要方，服之得仙，去霍山。

妻姜氏疾病，其婿用饵术法服之，病自愈，寿一百七十岁，登山取术，重担而归，不息不极，颜色气如二十许人。

陈子皇得到服食白术的秘方，服用后成了神仙，去霍山了。

他的妻子姜氏生了病，他的女婿用服食白术的方法也给她服用，她的病就自愈了，并且活到一百七十岁，还能爬山去采白术，挑着很重的担子回来，不气喘也不累，脸上的气色像二十几岁的人。

封衡

封衡，字君达，陇西人也。幼学道，通老庄学，勤访真诀。初服黄连，五十年后，入鸟兽山采药，又服术百余年，还乡里如二十许人。闻有病死者，识与不识，便以腰间竹管药与之，或下针，应手立愈。

爱啬精气不极，视大言，凡图籍传记，无不习诵。复遇鲁女生，授还丹诀及《五岳真形图》，遂周游天下。故山官水神，潜相迎伺，而凶鬼怪物，无不窜避。人或疑之，以矢刃刺，御皆不能害。常驾一青牛，人莫知其名，因号青牛道士。

魏武帝问养性大略，师曰：『体欲常劳，食欲常少，劳勿过极，少勿过虚；去肥浓，节酸咸；减思虑，损

封衡，字君达，甘肃陇西人。他自幼学道，精通老子和庄子的学说，并且四处寻访真正的修道要诀。他一开始服用黄连，五十年后，去鸟兽山采药，又服食白术一百多年，回到家乡时像二十几岁的人。

他听说哪里有得病要死的人，不管认不认识，都从别在腰间的竹管里拿药给他，或者用针刺，针扎进去病马上就好了。

他十分爱惜自身的精气，看与修道有关的书，只要是与神仙有关的图书传记，他都要读一读。后来碰到鲁女生，鲁女生传授给他炼制仙丹的要诀，还有《五岳真形图》，他便带着这些周游天下。那些掌管山川河水的神，都默默前来迎接侍奉他，而妖魔鬼怪之类，见到他都逃窜躲避。有人怀疑他的本领，就用锋利的刀剑去刺他，他都能随意防御，伤害不到他。他经常骑着一头青牛，人们都不知道他的名字，就称呼他为青牛道士。

原 译

喜怒；除驰逐，慎房室，则几于道矣。圣人春夏养阳，秋冬养阴，以顺其根，以契造化之妙。』

有二侍者，一负书笈，一携药笥。有《容成养气术》十二卷，《墨子隐形法》一篇，《灵宝卫生经》一卷。笥有炼成水银霜、黄连屑等。在人间仅二百余年，后入元丘山不见。

魏武帝曹操向他请教养生的概要，他说：『身体应该经常做些活动；吃东西不要吃太饱；劳作但是不要太劳累；适度运动不要把身体弄得太虚；不要吃太肥腻的东西，口味要清淡，对酸味和咸味食物要节制；思虑不可过度，喜怒哀乐等情绪变化也不要太激烈；不要骑马打猎去追逐野物，谨慎房中之事。做到这些就跟得道差不多了。圣人们都是春夏养阳气，秋冬养阴气，顺应天地变化的根本而动，以符合大自然精妙的造化。』

他有两个侍从，一个给他背书箱，一个给他拿药箱。书箱里有《容成养气术》十二卷、《墨子隐形法》一篇、《灵宝卫生经》一卷。药箱里有炼制成的水银霜、黄连屑等等。他在人世间只待了二百多年，后来进入元丘山就不见了。

附录

神仙传

太阴女

原 译

太阴女者，姓卢名全。为人聪达，知慧过人，好玉子之道，颇得其法，未能精妙。

时无明师，乃当道沽酒，密欲求贤，积年累久，未得胜己者。会太阳子过之，饮酒，见女礼节恭修，言词闲雅，太阳子喟然叹曰：『彼行白虎螣蛇，我行青龙玄武，天下悠悠，知者为谁！』女闻之大喜，使妹问客：『土数为几？』对曰：『不知也，但南三北五，东九西七，中一耳。』妹还报曰：『客大贤者，至德道人也，我始问一，已知五矣！』

遂请入道室，改进妙馔，盛设嘉珍而享之，以自陈，讫，太阳子曰：『共事天帝之朝，俱饮神光之水，身

太阴女，姓卢名全。她为人既聪明又通情达理，知识和智慧都超过别人，她喜欢玉子的道术，也精通其方法，只是对精妙之处还不是很明了。

她一时也找不到贤明的老师，就在路边开店卖酒，暗中寻查会此道术的人，但是过了好几年，也没碰到比自己更懂的人。等到太阳子路过她那里，在她店里喝酒，看到她既礼貌又谦恭，说话闲适高雅，于是太阳子叹了一口气说：『你属白虎螣蛇，我属青龙玄武，悠悠天下众生，谁是我们的知音呢！』太阴女听到这些话后大喜过望，就赶紧让她的妹妹去问大阳子：『土数是几？』太阳子回答说：『我不知道，只是南方属三，北方属五，东方属九，西方属七，中间是一。』太阴女的妹妹回来报告说：『这个客人是个大贤之人，是有大德的得道者，我刚问一，他就知道五了！』

原 译

登玉子之魁，体有五行之宝，唯贤是亲，岂有所悋。』遂授补道之要，授以蒸丹之方。

合服得仙，仙时年已二百岁，而有少童之色也。

于是太阴女把太阳子请入她修道的内室，改奉美味的食物，摆设很多山珍海味供他享用，又把自己的情况对他说了一遍，说完后，太阳子说：『成仙的人可以一起在天帝的朝堂共事，一起喝着神光所照耀的水，都达到了玉子道术的顶峰，体内有五行之宝，我们会把有贤德的人引为同道，我怎么会对你有所保留呢。』于是传授给太阴女房中采补、导引的要领，又传授给她蒸丹的方法。

太阴女后来合用药物炼成丹药，服后成仙，成仙时年龄已经两百岁了，但是却有着少年一样的容颜。

太阳女

原 译

太阳女者，姓朱名翼。敷演五行之道，加思增益，致为微妙，行用其道，甚验甚速。

年二百八十岁，色如桃花，口如含丹，肌肤冲泽，眉鬓如画，有如十七八者也。

奉事绝洞子，丹成以赐之，亦得仙升天也。

太阳女，姓朱名翼。她在五行之道的基础上进一步发挥，并增加完善，使其达到了微妙的境界，按她的道术施行，能十分快速地得到效验。

她二百八十岁时，脸色还像桃花一样娇艳，唇色鲜红美艳，肌肤充满光泽，眉毛和鬓发犹如画上去的一般，看上去像十七八岁的人。

她奉绝洞子为师，绝洞子炼丹成功后赐给了她一些丹药，她也就成仙升天了。

乐子长

原 译

乐子长者，齐人也。少好道，因到霍林山，遇仙人，授以服巨胜赤松散方，仙人告之曰：『蛇服此药化为龙，人服此药老成童。又能升云上下，改人形容，崇气益精，起死养生。子能行之，可以度世。』

子长服之，年一百八十岁，色如少女。妻子九人，皆服其药，老者返少，小者不老。乃入海登劳盛山而仙去也。

乐子长是齐地的人。他年轻时喜欢修道，于是来到霍林山，遇到了仙人。仙人传授他巨胜赤松散方服用，并且对他说：『蛇吃了这个药能变成龙，人服了这个药，老年可返还成少年。还能驾云上下飞，改变人的形体容颜，增长人的精气，让垂死的人重新活过来。你要是能坚持服用，就可以成仙。』

乐子长一直吃这个药，到一百八十岁的时候，肤色还像少女一样红润。他的妻子和孩子共有九人，也都服用这个药，于是年老的变年轻了，年纪小的也不再变老。后来他入大海中登上劳盛山成仙走了。

图书在版编目（CIP）数据

神仙传 /（晋）葛洪撰；洛北绘. -- 南昌：江西美术出版社，2020.1
（古人的奇幻世界）
ISBN 978-7-5480-7372-7

Ⅰ. ①神… Ⅱ. ①葛… ②洛… Ⅲ. ①神－列传－中国 Ⅳ. ①B933

中国版本图书馆 CIP 数据核字 (2019) 第 240568 号

出 品 人：周建森
责任编辑：姚屹雯
责任印制：谭　勋
书籍设计：韩　超 先鋒設計 PIONEER DESIGN

神仙传 精选本
SHEN XIAN ZHUAN
GUREN DE QIHUAN SHIJIE
古人的奇幻世界

[晋]葛　洪/撰　洛　北/绘
出　　版：江西美术出版社
地　　址：南昌市子安路 66 号江美大厦
网　　址：jxfinearts.com
电子邮箱：jxms163@163.com
电　　话：0791-86566309
邮　　编：330025
经　　销：全国新华书店
印　　刷：浙江海虹彩色印务有限公司
版　　次：2020 年 1 月第 1 版
印　　次：2020 年 1 月第 1 次印刷
开　　本：787 毫米 ×1092 毫米　1/32
印　　张：8.5
书　　号：ISBN 978-7-5480-7372-7
定　　价：88.00 元